U0452406

康辉咬文嚼字

康辉 严晓冬 著
央视频 编

北京长江新世纪文化传媒有限公司
www.cjxinshiji.com
出品

目 录 CONTENTS

地名篇

儋　州——苏轼在海南的趣事　　002
铅　山——当地人读什么，我们就读什么　　005
盱　眙——这里举办过龙虾节　　007
曲　阜——记住这座东方圣城的名字　　009
砀　山——这里的酥梨很好吃　　012
荥阳、荥经——从楚河汉界到茶马古道　　015
郫　县——"川菜之魂"了解一下　　019
崆　峒——小康暴露了武侠迷的身份　　022
耒　阳——让小康想拍古风 vlog 的地方　　025
中　牟——听小康讲潘安的故事　　028
黟　县——一个"卧虎藏龙"的地方　　031
歙　县——依然是徽派的小康　　034
渑　池——从雪泥鸿爪到曙猿遗迹　　037
涪　陵——小康聊"国民下饭菜"　　041
鄱阳湖——听小康讲陶渊明的故事　　045
三坊七巷——这里有半部中国近代史　　048
龟　兹——消失的古国，未消失的文明　　052
珲　春——一眼望三国，不是魏蜀吴　　056
大栅栏——小康带你去逛京剧圈的"好莱坞"　　060

山西、陕西——小康盘点特殊的地名译文　　064
拙政园——小康讲"中国园林之母"的故事　　068
乐山、乐清、乐亭——这三个地名你读对了吗　　071
弄　堂——这里生活着兴兴轰轰的上海人　　075
台　州——这里有半部《全唐诗》　　079
丽　水——养在深闺里的"绿覆美"　　084
井　陉——这里为何是兵家必争之地？　　090
尖沙咀——小康在香港多少街头打过卡？　　094
婺　源——不仅有油菜花，还很"有才华"　　099
亳　州——"药都"的名字别读错了　　103
睢　宁——张良的"开挂人生"从这里起步　　107
氹　仔——它是澳门的一个靓仔　　110
番外篇——说说这些不会读错的城市　　113

节日篇

元　宵——小康出个灯谜给你猜　　120
清　明——中国人的乡愁，刻在了 DNA 里　　123
端　午——一个读不错但别称很多的节日　　129
七　夕——这一天也是晒书节　　133
中　秋——来自小康的月饼测评　　137
重　阳——记得给家里的"老宝贝"打电话　　140
阅——世界读书日的诗意与巧合　　143
劳——这个字跟所有"打工人"都有关　　146
博——国际博物馆日长知识　　149
游——念谢公屐，羡霞客行　　153

美食篇

馄　饨——竟然是一种饼吗？	158
螺蛳粉——正宗的螺蛳粉里没有螺蛳	161
糍　粑——猫不喜欢，"铲屎官"喜欢	164
果　脯——杨贵妃吃的是鲜荔枝还是荔枝脯？	167
醪　糟——一碗好喝不上头的乡愁	170
蛋　挞——你一定吃过，但99%的人都读错了	173
芝麻糊——童年经典广告要重新配音了	176
鳗　鱼——小康点菜时也要"咬文嚼字"	179
香　椿——听说西施最爱吃也最会吃	182
芫　荽——你的基因喜欢它的味道吗？	185
蚵仔煎——盘点一下"虫"字旁的贝类	189
粳米、籼米——让我看看有多少五谷不分之人	194
薤　头——既是佳肴又是中药	197
佐　料——竟然分君、臣、使三等	200
鳜　鱼——能入诗画能入口的"斜杠鱼"	203
鸡　枞——汪曾祺奉它为菌中之王	207

姓氏篇

撒——说说小康的一位把自己姓名读错的同事	212
盖——遇到这个姓，一定先问清楚怎么读	214
任——"任性"与"任姓"，读音不相同	216
解——与"谢"同音的姓氏	219

纪——"铁齿铜牙"纪晓岚到底姓什么　221
庾——庾家的故事里有粽香味　224
员——中国第一位武状元是谁　227
种——仲由的后人不姓仲　230

日常篇

怼——小康被称为"怼言大师"　234
拗——小康差点儿要"拗断"小编　236
呱——小康也爱拉呱儿　238
绢　花——"非遗"中不凋零的花　240
冠——听小康讲李白杜甫的故事　244
团——小康说自己不是天团成员　248
云——我们在云上见证中国速度　250
俭——让人知易行难的字　253
犇——小康祝朋友们"犇"向幸福！　255
胖——每逢佳节胖三斤　258
行——热爱一行、坚持一行，就一定行！　261
券——小康劝你把"券"读对　264
卡——从被"卡脖子"到惊艳世界　267
症——小康带你一起见证神医的逆袭　271
鞞——这个"皮匠"不简单　274

人物简介

姓名：小康
绰号：行走的《康熙字典》
职业：铲屎官
爱好：咬文嚼字
宠物：喵星人

小康绰号
的来历

出错的小康
有点儿萌

01

地名篇

儋　州

——苏轼在海南的趣事

我的"咬文嚼字"从哪里"嚼"起呢？我想到了一个远在天涯海角的地方——儋州。因为我的偶像，宋代大文豪苏轼与儋州有着非常密切的联系。

"儋"这个字看起来好像和一些字长得很像，比如"蟾蜍"的"蟾"，"高瞻远瞩"的"瞻"。那它是读"chán"州吗？或是读"zhān"州吗？都不对，这个字的正确读音是"dān"。

儋州，如今是海南西海岸一个美丽的地方。当年苏东坡年过花甲，被一叶孤舟送到了荒凉的儋州。即使是今天我们也觉得海南路途遥远，古时的儋州远离中原，交通不便，在当时人们眼中是一块蛮荒之地。可是苏轼是一个特别乐观旷达的人，虽然远离故土、颠沛流离，却写下了两句真性情的诗："他年谁作舆地志,海南万里真吾乡。"他把那儿当作了自己的故乡,还在那儿留下了一段舌尖上的故事。

苏轼到儋州之后,生活过得非常艰难,生病没有药,冬天没有炭火,夏天不能冲凉,只能吃芋头喝凉水。但苏轼是谁,再艰苦的生活都能让他发现不一样的乐趣,他是一个资深"吃货",在儋州的生活就激发出了他"吃货"的天分。

当地人给他送来了生蚝,苏轼就想,生蚝怎么吃更美味呢?于是他把生蚝和酒放在一起煮,发现味道特别鲜美。后来又有更大个儿的生蚝,他想放在火上烤一烤看看味道怎么样,结果一尝,比用酒煮还好吃。看来早在宋代时,苏轼就感受到海鲜烧烤的绝妙了。更有意思的是,苏轼还写信给自己的儿子苏过,告诉他生蚝有多好吃,而且叮嘱他的儿子,你千万别告诉别人,尤其是我在朝廷里的那些同僚,万一他们都知道生蚝美味,也馋了,都跑到海南来和我抢着吃生蚝可怎么办?——拜托大哥,谁会抢着和你一样被贬到这样一个遥远蛮荒的地方呢?可是苏轼就是这么乐观豁达,政治上的失意,生活中的艰难,都不算什么,他都能够苦中作乐,乐在其中,而且还会发出"万里真吾乡"的感慨:"试问岭南应不好?却道,此心安处是吾乡。"他的旷达与乐观真的值得我们好好学习。

接着说儋州的"儋"字。东汉经学家、文字学家许慎编著的《说文解字》中对"儋"的释义为:"儋,何也,从人詹声。"注称:"背曰负,肩曰儋。""何"即"荷",可见"儋"这个字除了作为地名,还是"担"的古字,是用肩挑、用肩扛的意思。

《世说新语》里面讲过一个故事:东晋时候的中军将军殷浩,被简文帝司马昱罢了官,心里很不满意,抱怨简文帝做人真是太差了:"上人著百尺楼上,儋梯将去。"就像把人送到百尺高楼之上,然后把梯子扛起来就走了,这番操作也是真的醉了。

我们带大家确认了"儋"字的正确读音,也给大家讲了苏轼和儋州的密切联系,尤其是儋州舌尖上的故事。苏轼的故事流传下来的美食可不止生蚝一种,大家对东坡肉都耳熟能详吧?你还知道哪些和苏轼有关的美味佳肴呢?

小康聊苏东坡的
海南趣事

铅　山

——当地人读什么，我们就读什么

如果你不是当地人，这个地名十有八九会读错——铅山。读"qiān"山，对吗？错了，这个地名正确的读音是"yán"山，这是江西省上饶市的一个县名。很多朋友都以为这个字只有"qiān"一个读音，其实，查过商务印书馆出版的《现代汉语词典》（第7版）你就会发现，"铅"还有个读音，就是"yán"。

铅山县的永平镇附近确实有铅矿和铜矿。你可能会想，这个地方明明就有铅矿，干吗不叫"qiān"山呢？这确实没有一个特别权威或者标准的解释，但是在我们地名的读音原则当中确实有这么一个基本的原则："从当地。"所以这个字只有作地名的时候，有区别于其他常用读音的用法。

现在我们知道了，"铅"是个多音字，有两个读音，一个是大家熟悉的"qiān",指的是一种金属元素,也指用石墨等制成的书写工具,比如铅笔。另外一个音"yán"也通"沿",有遵循的意思。而"yán"的读音现在只用在江西铅山县的地名当中。

铅山县是江西省唯一拥有两个国家级历史文化名镇的县。它可是一个千年古县了,成立于南唐时期,公元953年,以所在的铅山为名;元朝时从县升级为州,隶属于浙江行中书省;明朝洪武年间又改为县,隶属于广信府。明清时期,铅山和上海的松江、江浙的苏杭、安徽的芜湖、江西的景德镇并列为江南五大手工业中心。

如果你有机会到铅山去玩儿的话,一定先把这个地名记准。

小康告诉你地名读音的基本原则

盱 眙

——这里举办过龙虾节

有一个地方很多读者应该都熟悉,也非常喜欢,因为它在"吃货"界特别有名气,每年这个地方都会举办龙虾节,它位于江苏省。

可能有的读者听说过这个地名,但是字怎么写,恐怕有点儿陌生;还有的读者看到这两个字,会想当然读半边——是不是念"于台"呢?其实,我要说的是江苏省盱眙(Xūyí)县。这个地方因盛产小龙虾而声名远扬,可能很多地方的朋友吃的小龙虾都产自盱眙。

"盱"字只有一个读音,就是"xū",它的意思是张目,即睁大眼睛。而"眙"字有两个读音:当作地名时读"yí",当表示注视、直视时读"chì"。读"chì"时的意思和

"盱"字的意思是相近的。东汉史学家、文学家班固在《西都赋》中用这样的诗句形容西都长安的宫殿："虽轻迅与僄狡（piàojiǎo），犹愕眙而不能阶。"意思是宫殿非常高大巍峨，即使是敏捷骁勇之人也会惊愕直视，不敢上去。"眙"在这里就读作"chì"。

但是《现代汉语词典》（第7版）当中，"眙"字的"chì"音没有被录入，所以我们只需记住江苏盱眙县这个地方，"眙"字就不会读错。

盱眙的历史说来话长，它从春秋时便是吴国属地，当时地名叫"善道"；战国时被楚国占领，后来改名为"都梁"；秦始皇统一中国后在这里建县，县名为"盱台"，后来才改为"盱眙"。

盱眙盛产小龙虾。在北京，大家习惯把小龙虾做成麻辣口味，简称"麻小"。如果你到盱眙走一走，就会吃到各种各样、不同口味的小龙虾。所以我们要记住盱眙的读音，下次到了盱眙去参加龙虾节，千万不要把地名说错了。

小康暴露了"吃货"身份

曲 阜

——记住这座东方圣城的名字

一提起曲阜,很多读者都非常熟悉,会马上想到它位于山东,是孔子的故乡。可是"曲"字在这个地名中到底读"qū"还是"qǔ"呢?这就要看"曲"字在这个地名中表达的意思了。

"曲"确实是一个多音字,读"qū"的时候意思是"弯、转",和"直"相对;而读"qǔ"的时候,表示一种出现于南宋和金代、盛行于元代的韵文形式。"阜"只有一个读音"fù",在《现代汉语词典》(第7版)当中,"阜"有土山的含义。

那么"曲阜"这个地名到底是什么意思呢?它最早出现在《礼记·明堂位》当中:"成王以周公为有勋劳于天下,是以封周公于曲阜。"东汉学者应劭这样解释:"鲁城中有阜,委曲长七八里，故名曲阜。"意思是鲁城当中有一座土山，它弯弯曲曲地绵延有七八里，所以这个地方就叫作曲阜。这就很清楚了，此地正确的读音应该是曲（qū）阜。

曲阜位于山东的西南部，我们都知道它是我国伟大的思想家、教育家、儒家学派创始人孔子的故乡。孔子名丘，字仲尼，他做过官，也开办过私人学校，在五十多岁的时候，也就是我们今天快退休的年龄，出发去周游列国。

小编悄悄问我："小康老师，说起孔子，你现在最先会想到的是什么呢？"

我想了想，按我这个年龄，马上想到孔子的一段名言，是他在《论语·为政》当中说的："吾十有五而志于学，三十而立，四十而不惑，五十而知天命，六十而耳顺，七十而从心所欲，不逾矩。"这段话中不少语句已逐渐演化并固定为成语了，比如"三十而立""四十不惑""从心所欲"等。"三十而立"指的是人在三十岁前后，会建立起较为稳定的价值观和做事做人的原则。孔子就在三十岁的时候立于礼。"四十不惑"指的是人生在经历了很多的事情之后，就会拥有属于自己的判断力。"五十而知天命"，我就到这个年龄了，但是真不敢说自己已经知天命。孔子的话语当中蕴含的人生哲理，对每一个年龄段的人来说，都是有帮助的。

如果你对孔子、对儒家思想感兴趣的话，不妨到曲阜去看一看。那里有世界文化遗产孔庙、孔府、孔林，那里不仅是孔子的故乡，还是黄帝生地、神农故都、殷商故国、周汉鲁都，有"东方圣城"之称，相信你去了一定会收获颇多。

小康暴露了
自己的年龄

砀 山

——这里的酥梨很好吃

我作为一名资深"吃货",每说到一个地名,总会不自觉地联想起当地的特产美食。如果你爱吃砀(dàng)山酥梨,"砀"这个字就不会读错。

砀山县位于安徽的最北部,它所处的位置很有意思,是鲁、苏、皖、豫四省交界的地带。

《说文解字》当中释义:"砀,文石也,从石,易(yáng)声。"它的本义就是有花纹的石头。在《现代汉语词典》(第7版)当中,我们看到这个字的解释就是地名。

砀山人杰地灵。后梁开国皇帝朱温的故里、画坛宗师齐白石的祖籍都是砀山。提起砀山不免口舌生津——馋砀山酥梨了。砀山素有"世界梨都"的美誉,2010年4月被吉尼斯世界纪录认定为世界最大的连片果园产区，近百万亩果园中有很多百岁梨树。

砀山酥梨太有名了。俗话说一方水土养一方人，黄河故道从砀山穿过，肆虐砀山几百年，为砀山带来两岸的漫漫黄沙，一度使砀山成为安徽省荒漠化重点监测区，可是也给砀山留下了非常独特的沙土壤。可能谁也没想到，这沙土壤意外成了当地种植培育砀山梨的最好的资源。砀山梨果实硕大，浓甜似蜜，祛热清痰，弹指即破，入口即酥，解暑又好吃，堪称世间一绝。所以自古就盛传："砀山梨，皮儿薄，落到地上找不着。"

印象中很多有名的美食大多都能跟乾隆皇帝挂上钩。砀山梨也有这样的传说。乾隆三十二年（1767年）修订的《砀山县志》物产栏中提到了砀山酥梨，被视为现在砀山县志中关于砀山酥梨的最早记载。传说乾隆多次下江南，有一次行宫就设在了砀山县良梨镇内的寺院。地方官当然要献殷勤，就奉上了当地的酥梨，乾隆皇帝品尝之后赞不绝口，当即口谕："带回京呈贡皇考祭品。"皇考是指先皇雍正。从此之后，砀山酥梨的名声就更为大振了。

更有传说称乾隆在春天到砀山梨园赏花，看到梨农在种梨苗，一时兴起，也种了十几棵树。据说这些树历经二百多年，至今还尚存八棵。

说到这里，我的脑海里已经充满了"梨花淡白柳深青，柳絮飞时花满城"的景象。如今我们无论身在何处，都能品尝到砀山梨，可是要观赏"世界梨都"的满山梨花，就只能期待有机会在春天去砀山了。

小康带你品酥梨

荥阳、荥经

——从楚河汉界到茶马古道

最近央视频的小编突然爱上了象棋,有一天非要拉着我下一盘,结果给我来了个"飞象过河",着实"将"了我一军。

我们知道,象棋中有一道"楚河汉界",象是不能过河的。我们要说的这个地名,就和楚河汉界有关——荥(xíng)阳。

荥阳市隶属于河南省省会郑州市。此地为什么叫作荥阳呢?我们先看看"荥"字在《说文解字》中的解释:"绝小水也",也就是极小的水流。《尚书·禹贡》中也有记载:"荥波既潴(zhū)"。其中"潴"字的意思是水聚集的地方。当时,太行山中之水南下到了济源,被称为济水。《荥阳市志》记载:"济水自温县潜行入河,南溢为荥,聚集成泽,古称荥泽。"战国时期,韩国在荥泽北岸筑了一座城,因为水之北为阳,所以将这座城命名为荥阳。荥阳位于黄河流域与淮河流域的交汇处,自殷商以来,先后有十几个王朝在黄河上游、荥阳以西的洛阳和长安建都,因此荥阳有了"两京襟带,三秦咽喉"之称。

那么,这样一座历史悠久的古城,和楚河汉界有什么关系呢?荥阳,可以说是兵家必争之地。在楚汉战争中,刘邦兵败彭城,也就是今天的徐州,他率兵逃至荥阳,荥阳就成了刘邦与项羽争夺的中心,他们以荥阳的鸿沟为界,长期对峙。后来,刘邦向项羽求和,项羽同意。双方约定,中分天下,割鸿沟以西者为汉,鸿沟而东者为楚。这就是历史上的"鸿沟之约"。鸿沟,也就成了后来"楚河汉界"的原型。

到了唐朝开元年间,为了便利漕运,唐王朝在古汴河口修筑河阴仓,在黄河之南置县,水之南为阴,因此这里便叫作河阴。

元朝农学家王祯编写的《农书》中,就曾有石榴"以中原河阴者最佳"的记载。石榴原产于波斯,相传最早是西汉时由张骞出使西域从安石国带回来的,当时中原称它为"安石榴"。《西京杂记》中记载,汉武帝修建上林苑,"群臣远方各献名果异树",其中就有安石榴。我国有两千多年的石榴栽种史,也培育出很多的石榴品种。河阴一带的石榴因为品质优良,自唐朝至明清一直被列为皇室贡品。不过有一种河阴石榴就只是留在传说中了。明代李时珍在《本草纲目》中引用北宋温革的《琐碎录》言："河阴石榴名三十八者，其中只有三十八子也。"不知道是不是因为这个品种的石榴籽太少，今天已经没有人栽种或吃到了。

再说说同样美名远扬的荥阳柿子，它有着"荥阳柿子甲天下"的美誉。柿树起源于中国，自秦汉时，黄河流域就已经广泛栽种柿树。明代时柿子甚至可以当粮食。到清朝乾隆时期，据《荥阳县志》记载："今荥（阳）蚩（chī）蚩之众，为资生口计，种柿者十之有九，枣梨者十之一。"2009年，荥阳柿树栽培技艺被列入"河南省省级非物质文化遗产名录"。

除了河阴石榴和荥阳柿子，荥阳还有个著名的特产——广武大葱，又被当地人称为"霸王大葱"。为什么大葱有这么霸气的名字呢？这要追溯到楚霸王项羽的典故了。《史记·高祖本纪》中记载："汉与楚相距荥阳数岁，汉常困。"据广武人说，楚汉两军对峙于广武山的时候，刘邦军营种些花草，而项羽却命士兵们种菜，尤其是种大葱作为抵御寒冷的食物，因此广武大葱才有了"霸王大葱"的名字。至今广武山上仍有民谣："汉王爱种花，霸王爱种葱。"相传唐代的薛仁贵将军也曾经以广武大葱为药，治愈过感染风寒的士兵。

我们说了有关荥阳的这么多掌故，还要提醒你一点："荥"

字在《现代汉语词典》(第7版)中有两个读音,另一个读音为"yíng",也用在地名中。"荥阳"的"荥"读作"xíng","荥经"的"荥"读作"yíng"。

荥经县,隶属四川省雅安市,位于四川盆地西部边缘,还有着"家在清风雅雨间"的美名。荥经以特产"南路边茶"闻名西南。我国古代有一句俗语:"宁断三日粮,不缺一顿茶。"唐代以来,我国西南地区形成了一条以马帮为主要交通工具,沟通中国南北、横贯中国西部的茶马古道,成为中国西南民族经济文化交流的走廊,是丝绸之路外又一条著名的商贸通道。荥经就地处茶马古道上一个重要位置,成为汉藏等民族交流、交融的重要纽带。

如今,随着现代化交通工具的兴起,这条"官道"已隐没在崇山峻岭中。但在荥经,你仍能看到当年留存下来的"幺店子"(四川方言,路边小店铺)构成的古院、古镇、驿站,或许还能听到时光深处传来的马蹄声……

郫　县

——"川菜之魂"了解一下

有"川菜之魂"美称的这味美食,你没吃过也一定听说过。它在菜肴中很少单独出现,却可以无处不在。我们做麻婆豆腐、回锅肉、水煮肉、茄子煲等美味菜肴,都离不开它。特别熟悉对不对?它就是:郫县豆瓣酱。

但是它到底怎么读呢?有朋友说,这不就是"bēi"县豆瓣吗?还有人说这是"bǐ"县豆瓣。如果你这么读,你真的是辜负了"川菜之魂",正确的读音是郫(pí)县豆瓣。它最早起源于四川、重庆等地。

我们查《现代汉语词典》(第7版),会发现"郫"这个字的释义只有一个,就是"郫县,地名,在四川"。但是现在郫县已经改为成都市郫都区了。地区称谓虽然变了,可是大家还习惯说"郫县豆瓣",而不会说"郫都区豆瓣"。现在的郫县豆瓣酱不光是四川人的,几乎是全国各地家家户户必备的调味料。

郫县豆瓣酱的制作原料、制作过程是怎样的呢?说起来好像很简单,但实际操作一定非常讲究,才能够制作出地地道道的郫县豆瓣。原料有辣椒、蚕豆、面粉、黄豆,等等。但辣椒一定要上等的二荆条辣椒,蚕豆一定要上等的"二流板"青皮蚕豆。这些原料经过了曝晒、翻搅、冷水浸、开水煮、碾磨去皮、自然发酵等层层工艺。据说,需要用上一年甚至更久的时间,才能制作出最地道的郫县豆瓣,所以它的制作技艺也被列入了第二批国家级非物质文化遗产名录。

如果你是"吃货"的话,相信你一定看过《舌尖上的中国》纪录片。这部纪录片中对豆瓣酱的制作过程有过介绍。如果用《舌尖上的中国》的风格来介绍郫县豆瓣酱制作过程,大概应该是这样:"在晒场,甜瓣子与椒醅(pēi)终于相遇,搅拌均匀后,时间将赋予它们独特的酱香味和脂香味……"

调味料真的是人民智慧的结晶。作为一种记忆和文化,郫县豆瓣领先于很多其他调味料的还有一点,你知道吗?它居然有一家属于自己的博物馆。这座博物馆建在成都郫都区的战旗村。去过那儿的朋友说,一走进这座博物馆,你从头至尾都会被一阵一阵的豆瓣酱的独特香味浸染着,所以在那儿不仅能够了解郫县豆瓣的方方面面,还有机会试吃郫县豆瓣的创新产品。有人这样说过:认识一个地方最好的方式,就是去那儿的博物馆看一看。所以如果你下次有机会到郫都区,一定要去打卡一下这家郫县豆瓣博物馆。当然,去那儿千万不要说,我来看"bēi"县豆瓣、"bǐ"县豆瓣。

小康说:别辜负了"川菜之魂"

崆 峒

——小康暴露了武侠迷的身份

在甘肃省平凉市有一个地方,跟我一样热爱武侠的朋友们一定不陌生——崆峒派的崆峒(Kōngtóng)。

"崆峒"在古时亦写作"空同""空桐"等。中国第一部辞书《尔雅·释地》记载道:"空同之人武。"可见崆峒人英武是出了名的。李白也留有"世传崆峒勇,气激金风壮"的诗句。

在《现代汉语词典》(第 7 版)中,"崆""峒"两个字的释义都是:"山名,在甘肃。又岛名,在山东。"其中"峒"还有一个读音,是"dòng",是山洞、石洞的意思。

《尔雅》载"北戴斗极为崆峒",意思是平凉崆峒山位于北斗、北极星的正下方。对于喜爱或看过金庸小说的读者来说,如果你曾到崆峒山游览,脚踏那片土地时应该一下子就会想到出神入化的崆峒派武学。在金庸小说《倚天屠龙记》中，就有对崆峒派的描述，书里说，崆峒派的绝学是七伤拳，人体有阴阳二气，又有"金木水火土"五行之气，阴阳五行合起来就是七个。通过特殊的修炼方法，可以将阴阳五行的不同属性在拳法里释放出来，给对手造成七种不同的伤害，所以这路拳法名字就叫"七伤拳"。崆峒派的开山鼻祖是木灵子，他也是"七伤拳"的创始人。此外还有武功高强的崆峒五老，个个身怀绝技。而读者印象最深的应该就是"金毛狮王"谢逊了，谢逊就是在寻仇的过程中抢到了崆峒派的七伤拳拳谱，可这七伤拳偏偏个性独特，没有足够内力的人强练，会导致"伤敌一千，自损八百"的结果，对大是大非缺少分辨能力的"年轻狮王"一心寻仇，拳力愈大，为祸愈烈，伤己愈重，给自己留下了如内脏受伤一样的精神祸根。所以说利弊都是相对的，功夫要内外兼修、势均力敌、旗鼓相当才好。

话说回来，崆峒山果真与武侠小说中的崆峒派有关联吗？在小说及影视作品中被提及的崆峒派，是真实存在的吗？其实，崆峒武术是中国传统武术流派之一，其一大特点就是"奇兵"，即奇特的兵器。崆峒武术习练者手中的铜烟袋、钉耙、扇子、棒槌等崆峒武术中的兵器，都脱胎于古代农耕工具和日常生活器具。这崆峒武术早于少林、峨眉、武当，创始于崆峒山，崆峒武术正是由崆峒氏族在战争中所掌握的攻防技巧不断发展演化而来。

武侠小说中的描述给崆峒山添加了神秘的色彩，有朝一日你若到访崆峒山，当看着巍峨的群山环抱着高耸入云的阁楼，山下碧流蜿蜒，飞禽起落，不如像个侠客般默念：

独立苍茫每怅然，恩仇一例付云烟。断鸿零雁剩残篇。
莫道萍踪随逝水，永存侠影在心田。此中心情倩谁传？

耒 阳

——让小康想拍古风 vlog 的地方

"木"字加一笔是什么字?"未"或者"末",这简直是送分题。那再加一横呢?是"耒"字。"耒"读作什么你知道吗?它正确的读音是"lěi"。

"耒"字的笔画虽然只比"未"和"末"多了一笔,词义却大不相同。《说文解字》中这样解释:"耒,手耕曲木也。"《现代汉语词典》(第7版)中,这个字除了指农具,还有一个义项是"古代农具耒耜(sì)上的木柄"。因为农具的柄为耒,尖端刺土的部分为耜(sì),所以这种像犁的农具又被称为耒耜。

可别小瞧它简陋,它可是有着划时代的意义。首先说一说它的发明者——神农,也就是炎帝,号神农氏。

在远古时代，人类茹毛饮血，居无定所，炎帝便教人种植五谷，帮助人们解决温饱问题。但是在垦荒时，人们发现很难在坚硬的土地上种下种子。炎帝经过反复试验，制作出了下端尖利、木柄略弯曲的耒耜，插在地上就可以撬动泥土，耕作难题迎刃而解。这一发明也为人类从原始的游牧文明向农耕文明转化创造了条件。这就是"神农创耒"的故事。

神农创耒的地方，就在如今的湖南耒阳。这里不只是神农创耒之地，还是"纸圣"蔡伦的诞生之地。这里有连片竹林面积达16万亩的竹海。粗略估算下，16万亩大概相当于1.6万个足球场，难怪会有"亚洲大竹海"和"天然大氧吧"之称。

闭上眼睛，畅想自己就身在无边无际的竹林之中，"轻舟赏竹翠，曲径闻竹香，凭窗听竹语，登高观竹浪"。如果可以，真想拍一段古风的 vlog 来纪念一下。不知道著名旅行家徐霞客会不会羡慕我们今天旅行的记录方式呢？

明代旅行家徐霞客云游四方，著书《徐霞客游记》，用文字记下了所见所感。他也访过耒阳，记录在《楚游日记》中。但不巧的是，耒阳春日多雨，一下就是好多天，使徐霞客留下了"余苦久雨"的感叹。直到一日"风水俱利"，他"乘月随流六十里"，"按耒阳县四十里有相公山，为诸葛武侯驻兵地，今已在县西北，入衡阳境矣"。也许，他也曾在这片竹林中穿行。

这片竹海的名字叫"蔡伦竹海"。据说蔡伦就是在故乡耒阳改良了造纸术,将植物纤维纸的制造工艺传授四方。蔡伦制造的纸被称为"蔡侯纸"。至今,蔡伦竹海深处仍有二百多个土法造纸作坊,以古法技艺制作的蔡侯纸,保留了淡黄的植物本色,着墨不渗,久藏不蛀。

竹海听风滔滔,挥毫泼墨留香,快哉快哉!

你还知道哪些颇具古风气质的地方呢?

小康想拍古风 vlog 的地方

中 牟

——听小康讲潘安的故事

要说一个与牛相关的地名,你会想到哪里呢?我们来说说中牟吧。"牟"读什么呢?"móu"?"mú"?"mū"?"mù"?再说下去就要学牛叫了。

不过以上几个读音对于这个字来说都对,只不过在不同的地方发不同的音。这个字的本义确实是形容牛叫的。《说文解字》当中标注:"牟(móu),牛鸣也。"但是放在地名当中它应该读中牟(mù)。

中牟县地处中原腹地,黄河之滨,它隶属河南省的省会郑州。古时候这个地方也叫作圃田、牟州,是非常有名的地方。三国时期的官渡之战就发生在这里。今天我们还要再说一个它的知名之处:中牟有一个非常有名的人,是西晋的文学家、政治家潘岳。可能说起潘岳大家不太熟悉,但你知道潘安吧?我们形容美男子会说"貌比潘安",潘安就是潘岳,而中牟就是潘安的家乡。说到了潘安,不妨给大家讲一讲潘安和妻子杨容姬的爱情故事。

潘安和杨容姬十二岁就相识了,夫妻两人感情非常深,可惜的是杨容姬年纪轻轻就不幸去世了,潘安自此不再娶,而且写下《悼亡诗》来怀念亡妻,诗中说"如彼翰林鸟,双栖一朝只""如彼游川鱼,比目中路析",句句都写得情真意切,由此开了悼亡诗的先河。

潘安在那个时候真的可以说是偶像级的人物,长得俊美,又很有才情,非常受爱慕和追捧。传说潘安驾车在街上走,会有很多人特别是女子向他表达爱意,那个时候表达爱意的方式就是拿很多水果向他的车上掷,车都装满了,于是我们中国的成语中就留下了这么一个"掷果盈车"的典故。

这个典故还有后续,是一个反面的例子。潘安驾车出去会被人"掷果盈车",有一个才子叫左太冲,就是左思,也想学潘安迎接向他投掷来的果子,但是左太冲没有潘安的相貌,路上的女子们也向他的车上投掷,投掷的却是口中的唾沫。左太冲很无奈,垂头丧气地回家去了。

这个故事你可能觉得有点儿熟悉,我们都知道女生版有"东施效颦"的典故，左思和潘安贡献了一个男生版。两个典故如出一辙，这也提醒我们，不要简简单单去模仿，有句话说得好：始于颜值，陷于才华，忠于人品。如果你有才华和人品，也会有很强的人格魅力。希望读者朋友们不仅有掷果盈车的人格魅力，也有卓尔不群的过人才华。

小康要学牛叫了

黟 县

——一个"卧虎藏龙"的地方

黟县，大概不能算一个容易读错的地名，而是让大家不敢张口读的地名。因为"黟"字属于典型的拆开看都认识，合起来就不会念的汉字。读作"黑县"？"多县"？我们碰到不认识的字总习惯连蒙带猜读一半，可是这种办法在这个字上完全行不通。它既不是"黑县"也不是"多县"，"黟"正确的读音是"yī"。安徽的黟（yī）县。是不是有点儿出乎意料？

这个字一边是"黑"，一边是"多"，这个字多黑啊。不过你要这么理解的话，还真让你说着了，"黟"字到底是什么意思呢？

"唐宋八大家"之一欧阳修有一篇非常有名的《秋声赋》，其中有这么一句："黟然黑者为星星"，说的就是乌黑发亮的头发当中，已经出现了星星点点的白发，"黟然"就是形容黑的样子。《说文解字》当中也可以查到黟字的本义："黟，黑木也，从黑多声。丹阳有黟县。"释义中提到了安徽的黟县。

说起黟县，它是徽商和徽文化的发祥地之一。徽商"贾而好儒"。因为受了比较深的儒学教育，所以徽商在经商过程当中都会以儒家的道德观念来规范自己的商业行为。徽商当中最著名的就是人称"为商必读"的胡雪岩。他是安徽的绩溪人，胡雪岩留下了"真不二价，戒欺求真"的经商宗旨，这一直到今天都是生意人恪守的一个原则。

说起黟县，它还有典型的徽派建筑，大家如果到黟县一定要去西递和宏村的古村落看一看。你在那里能够领略到徽派建筑的经典风格，朴素淡雅的色调，粉墙青瓦之间，充满徽州古村的韵味，尽显人与自然和谐的境界。漫步其间，仿佛时间都会慢下来。

你看过电影《卧虎藏龙》吗？如果看过的话，你记不记得在电影开始不久，宏村南湖边石拱桥上，李慕白牵马而来，开启了一段武侠传说。这个片段的取景地就是黟县的宏村徽派建筑古村落。

我们可以想象一下，在山林间一座徽派小院落，赏三秋桂子、十里荷花，看朝霞夕阳，听风动竹林，多么惬意美妙。

我们认识了黟县的"黟"字,最后一个小问题就是,黟县西递宏村有典型的徽派建筑,如果让你用一个词来形容徽派建筑的风格和气质,你会选择哪个词呢?

一个徽派的小康

歙 县

——依然是徽派的小康

我请大家猜个字谜吧:"合羽欠。"这个字不难"组装"。先看"合"跟"羽"的组合,从字形上看,就像鸟儿的翅膀收起。"翕"读作"xī",《说文解字》释为:"起也,从羽合声。"再加一个"欠"字,就是"歙"字。《说文解字》释义为:"缩鼻也。从欠翕声。丹阳有歙县。"

《现代汉语词典》(第7版)中,"歙"字有两个读音,表示吸气也就是"缩鼻"时读"xī";词条"歙县,地名,在安徽"的"歙"读作"shè"。清代段玉裁注《说文解字》时提到丹杨郡歙县"今徽人读武涉切",说明清代时歙县就读作"shè"县了。

提到安徽,我就想到了粉墙黛瓦马头墙的徽派建筑,一直很是向往。我们的"咬文嚼字"小课堂也曾对安徽黟县做过讲解。

歙县是徽文化的主要发祥地,享有"中国徽文化之乡""中国徽墨之都""中国歙砚之乡""中国牌坊之乡"等美誉。位于歙县的徽州古城,与山西平遥古城、云南丽江古城、四川阆中古城并称为我国保存最完好的四大古城。有机会我一定要去那里打个卡。

说到歙县,还要聊聊徽剧。相传1790年,为庆祝乾隆八旬寿辰,出生于歙县的清朝重臣曹文埴(zhí)把自家的徽剧戏班"廉家班"改名为"庆升班",进京献艺表演,获得了京城王公贵族的交口称赞。演到精彩处,皇帝皇后禁不住撤帘观看。之后又有了三庆班、四喜班、和春班、春台班等徽班进京演出,就是著名的"四大徽班进京"。徽剧逐渐称雄于京华剧坛,又融合了秦腔汉调等多流派的唱腔,才成为国粹。而当时的"京剧"被称为"乱弹"或"皮黄",直到光绪年间,北京戏班到上海演出时,上海观众称其为"京剧",才确定了国粹的名称。

除了徽剧,歙县还是文房四宝中徽墨、歙砚的主要产地。古人云:"一两徽墨一两金。得徽墨者,如名将之得良马。"足以证明徽墨的珍贵,同时它也被历代文人墨客、收藏家和鉴赏家视为至宝。说到这里又要提一下我的偶像——宋代大文豪苏东坡，诗词书画无所不精，据说他在偶然得用徽墨后，就曾立愿从此非它不作诗词。而在他贬谪海南时，因一时技痒手中无墨，竟然童心大发，想要仿制徽墨，结果徽墨没仿成，还一把火烧掉了房子。他的一句"非人磨墨墨磨人"点出了文人与墨千丝万缕的情结。徽墨不仅落纸如漆，色泽黑润，而且香味浓郁，历久弥新。

好墨就要配好砚来磨（mó），歙砚也就应运而生了，与徽墨一道受到中国文人的推崇。歙砚距今已有1200多年的历史，早在唐代开元年间便有少量传世；至南唐时，后主李煜喜称"歙砚甲天下"，在歙县设砚务专理制砚事宜，歙砚得以大批量生产。歙砚的砚石质地坚硬细密，看似平滑而暗藏锋芒，砚面上微细的石英颗粒均匀分布，研出的墨汁稠密而润滑，也就形成了歙砚发墨益毫、墨经久不涸的特点。

除了"黟县"和"歙县"，安徽还有很多值得一说的典故。我一定要和"咬文嚼字"的小编商量一下，约个时间，去实地做讲解。

小康讲歙砚的故事

渑　池

——从雪泥鸿爪到曙猿遗迹

"人生到处知何似,应似飞鸿踏雪泥。"这两句诗让人立马想到东坡居士,但如果我问你这首诗的名字,你能答得出来吗?

这首诗名叫《和(hè)子由渑(miǎn)池怀旧》。子由是苏轼的弟弟苏辙。这首诗是苏轼途经渑池时想到弟弟苏辙而作。

从字形看,"渑池"似乎注定与水有关。南宋学者蔡沈在为《尚书·禹贡》作注时写道:"渑,当作黾(miǎn),水虫也。城西有池,注水即生,因名黾池。"后来,"黾池"逐渐演变成为"渑池"。

这时候可能会有山东的朋友问了,山东"渑(shéng)水"

难道我们一直都读错了吗？其实不然，在《现代汉语词典》(第7版)中，当"渑"字发"shéng"音的时候，是指古水名，在山东；而发"miǎn"音的时候，是指渑池，是地名，在河南。

提到渑池，想必许多朋友都会想到"渑池之会"这个成语。在风云争霸的战国时代，秦昭襄王要和赵惠文王约个饭，地点就定在渑池。秦王饮到酒兴正浓时，说："我私下里听说赵王爱好音乐，请您奏瑟一曲！"赵王是个实在人，当即弹奏起瑟来。秦国的史官马上上前来写道："某年某月某日，秦王与赵王一起饮酒，令赵王弹瑟。"这样的记录在两国外交上来说明显不对等。随行的蔺相如上前说："赵王私下里听说秦王擅长秦地土乐，请让我给秦王捧上缶，来相互为乐。"秦王发怒，拒不答应。蔺相如便向前进献缶，并请秦王演奏。秦王不肯击缶，蔺相如说："在这五步之内，如果我自杀，脖颈里的血可以溅在大王身上了！"因此秦王很不高兴，也只好敲了一下缶。相如回头来招呼赵国史官写道："某年某月某日，秦王为赵王击缶。"秦国的大臣们说："请你们用赵国的十五座城池向秦王献礼。"蔺相如针锋相对："请你们用秦国的咸阳向赵王献礼。"就这样一来二去，直到酒宴结束，秦王也未能压倒赵王。

这个事件也被太史公司马迁记录到了《史记·廉颇蔺相

如列传》之中。"渑池之会"作为成语也因此泛指为国立下巨大功勋。

渑池位于今天的河南省三门峡市，秦时就已经置县，到今天已经有2200余年历史了。提起渑池便让我想起渑池的仰韶文化。著名文化学者余秋雨曾说："仰韶文化的发现，就是我们民族童年的歌声，使一个壮士重新站立在地球上。"

1921年，瑞典地质学家安特生和中国学者在渑池县仰韶村进行考古，发掘出距今约7000年—5000年的新石器时代的彩陶，一种新的史前文化类型由此被发现，以"仰韶"命名。"仰韶文化"不仅是中国第一个通过考古发现认识到的史前文化，更填补了当时对"中国没有新石器时代"的认知空白。

考古学界认为，以仰韶文化为主体的中原文化为后来凝聚中华民族文化共同体打下重要根基，是"点亮中华文明的第一缕曙光"，仰韶文化因此也被称为文化上的"早期中国"。

到了渑池，可以说是打开了历史的盲盒！1985年至1994年间，中外科学家在渑池县发现了世界最早的具有高等灵长类哺乳动物特征的曙猿化石，距今4500万年左右。这不仅动摇了"人类起源于非洲"的论断，同时也把类人猿出现的时间向前推了1000万年。

看到从几千年前到几千万年前的"雪泥鸿爪"，渑池为我们留下了太多历史的脚印。"渑"字也让我们借由一个汉字，完成了一场穿越时空的旅行。

小康带你打开
历史的盲盒

涪 陵

——小康聊"国民下饭菜"

在电视剧《我是特种兵》里,特种兵们出国特训怕吃不到中国菜,就带上了可以解乡思的榨菜。你可能会觉得,"榨菜"这两个字我们都认识,没读错啊。但你知道最有名的榨菜产自哪里吗?应该有读者马上反应过来了:"我知道,'péi'陵榨菜。"对不起,不是"péi"陵榨菜,是"fú"陵榨菜。

在《说文解字》中,"涪"字"从水音(pǒu)声",指的是"出广汉刚邑道徼外,南入汉"的涪水。《现代汉语词典》(第7版)对于"涪"字的释义是"水名,发源于四川,流至重庆入嘉陵江"。

再看看这个地名的第二个字——"陵"。《说文解字》中"陵"的释义为:"陵,大阜也。从阜夌(líng)声",本义是指底边为四边形的大土山。

"涪"与"陵"这样两个字组合在一起作地名，可见这真是一个依山傍水的好地方，所以能出产如此美味的涪陵榨菜。

涪陵榨菜至今已经有一百多年的历史了。清代的《涪州志》中就有对涪陵人腌制青菜头的记载。书中说："青菜有包有苔，渍盐为菹（zū），甚脆。"菹就是腌菜的意思。这个记载可以算是对涪陵榨菜前身的一个非常好的记录。

青菜头真正成为我们现在吃到的榨菜，和一位叫邱寿安的涪陵商人有着非常密切的关系。涪陵榨菜鼻祖邱寿安是清代光绪年间人，他在经营酱园时，把青菜头风干脱水、加盐腌制，又用榨压的方式将腌过的菜除去卤水，拌上香料，装进陶制的坛子，密封存放，经过五六个月的发酵后，青菜头就变成了可口的榨菜，拥有其他咸菜所不及的嫩、脆、鲜、香的风味。

经过这样独特的加工工艺制成的涪陵榨菜风靡至今，已经和法国的酸黄瓜、德国的甜酸甘蓝并称为世界三大名腌菜。它也是中国对外出口的三大名菜之一，1995年3月，重庆涪陵区被国家命名为"中国榨菜之乡"；涪陵榨菜的传统制作工艺已被列入第二批国家级非物质文化遗产。

好吃的网友票选出了涪陵榨菜最好的吃法：一碗泡面，加上涪陵榨菜，再来一颗茶叶蛋，堪称快餐界的"三剑客"，简直是绝配。在我看来，还应该加上一根火腿肠，那就可以称得上是快餐美食中的"四大天王"了。

近几年来愈发受大家喜爱的榨菜、螺蛳粉、辣条等"国民小食品"都在向着专业化、产业化的方向发展。小产业也能有大格局，它们的背后有不可估量的历史价值和商业价值。你是不是对榨菜这碟小菜要另眼相看了？

接下来要考考你：前文我们说到中国对外出口有三大名菜，你知道除了涪陵榨菜，另外两大名菜是什么吗？

答案是：薇菜和竹笋。

薇菜其实是一种蕨类植物，又被称为"猫耳蕨""蓝茎苔"，紫萁属，春季我们采下它的嫩卷叶，炒菜吃有一种苦香味。它的食用方式主要是水煮后晒干或盐渍。我国出口一吨薇菜干的价格相当于出口几十吨大豆。《史记·伯夷列传》中有采薇而食的故事：周武王灭商后，不愿意归顺周朝的伯夷、叔齐不食周粟，隐居在首阳山中，采薇而食，直至饿死在首阳山。他们的故事让"薇"的文学意象有了高洁的意味。

竹笋大家都不陌生。《诗经·大雅》中的名篇《韩奕》就提到了竹笋这道美食。周宣王在位时，韩侯入京受封，离京时，朝廷卿士为他设宴饯行，席中就有时令的鲜竹笋和嫩蒲草——"其蔌（sù）维何？维笋及蒲。"我的偶像苏东坡曾言"可使食无肉,不可居无竹",他的知音黄庭坚更是在诗中说"南园苦笋味胜肉"。明末清初的文人李渔在《闲情偶寄》中赞誉竹笋:"此蔬食中第一品也,肥羊嫩豕,何足比肩。"梁实秋在《雅舍谈吃》中专有一篇文章以"笋"为名,引用了传诵一时的顺口溜:"无竹令人俗,无肉使人瘦。若要不俗也不瘦,餐餐笋煮肉。"

　　写到这里,我的口水都要流出来了。涪陵榨菜这道"国民下饭菜"果然下饭,不知不觉就引得我们品了一番薇菜和竹笋的滋味。再谈及中国榨菜之乡时,"涪陵"的读音切不要读错了。

小康说:别小看这碟小菜

鄱阳湖

——听小康讲陶渊明的故事

今天的"咬文嚼字"小课堂,我们一起到江西游览一处名胜。江西值得去的地方太多了,这里有中国最大的淡水湖——鄱(pó)阳湖。"鄱"字经常被误读为"bó"或"pō",今天我们"云"游一番想必你一定会记住它的正确读音。

在《说文解字》中,"鄱"的释义是:"鄱阳,豫章县。从邑,番声。"这个字只用于词语"鄱阳"中。《现代汉语词典》(第7版)中可以查到:"鄱阳"既用作湖泊名中,又用作地名中,两地都位于江西省。

除鄱阳湖外,江西还有江南三大名楼之一——滕王阁。初唐诗人王勃的千古名句"落霞与孤鹜齐飞,秋水共长天一色",使《滕王阁序》成为永世经典。接下来就要考考你了:你能背出这一名句的下文吗？

"渔舟唱晚，响穷彭蠡之滨；雁阵惊寒，声断衡阳之浦。"

那再考考你，诗中的"彭蠡"在哪里呢？聪明的你一定猜到了，彭蠡就是鄱阳湖。

"彭蠡"是鄱阳湖的古称，鄱阳湖还有彭泽、彭蠡泽、扬澜、宫亭湖等古称。但是"彭蠡"即鄱阳湖的说法实际上是一场乌龙。上古时期，巢湖洪荒严重，大禹治水有功。《尚书·禹贡》记录大禹行迹时以"彭蠡"称巢湖。而到了汉代，班固撰写《汉书》时，却把"彭蠡"张冠李戴给了鄱阳湖，这个错误就代代相传下来，到王勃写《滕王阁序》时依然称鄱阳湖为"彭蠡"。

而说到鄱阳湖的另一个古称"彭泽"，则让我想起一位隐逸诗人，他生活在早王勃约三百年的晋代，最后一次出仕为官做的是彭泽县县令，上任仅八十多天就弃官而去了，从此归隐，成为中国第一位田园诗人，钟嵘的《诗品》奉他为"古今隐逸诗人之宗"。说到这儿，大家一定都猜到了，他就是五柳先生——陶渊明。

陶渊明到彭泽当县令前已经有过出仕辞官的经历，而应允再次出仕做彭泽县令，除了家室清贫、叔叔帮忙谋职外，更重要的是"彭泽去家百里，公田之利，足以为酒，故便求之"。彭泽县离家近，对于"幼稚盈室，瓶无储粟"的家庭来说，方便兼顾事业与家庭。

据《晋书·陶潜传》记载,有一天,郡里派督邮到彭泽视察,县里的官吏听到消息,连忙向陶渊明报告,让他换上官服迎接督邮。陶渊明一向看不惯这种谄媚的作风,一听说还要换正装行拜见礼,受不了这种屈辱,于是对下属说:"我宁可饿死,也不会为了这五斗米的俸禄去向这种势利小人鞠躬作揖。"之后,他便将印绶交还,写了一封辞职信,从此辞官归隐再未出仕。这便是著名的"不为五斗米折腰"的典故。

这件事也是陶渊明作《归去来兮辞》的直接原因。从此他可以"悦亲戚之情话,乐琴书以消忧",可以"登东皋以舒啸,临清流而赋诗"。陶渊明的愤而辞职,对彭泽是一大损失,而对中国古代文坛,却是一桩幸事。宋代文学家欧阳修曾说:"晋无文章,惟陶渊明《归去来兮辞》而已。"

我们从江西的鄱阳湖说开来,说到滕王阁,又说到彭泽县,以及陶渊明不为五斗米折腰的气节。接下来我想问读者朋友:滕王阁是江南三大名楼之一,你知道另外两座楼阁是什么吗?

答案是:位于湖北武汉的黄鹤楼和位于湖南岳阳的岳阳楼。

三坊七巷

——这里有半部中国近代史

今天的"咬文嚼字"小课堂,我要向大家介绍一种中国的"活化石"。大家都知道最著名的"活化石"是我们的国宝大熊猫,还有"水中活化石"——中华鲟、扬子鳄、被称为"娃娃鱼"的大鲵,等等;植物界的"活化石"有银杏、水杉、珙(gǒng)桐,等等。今天我们要说的"活化石"非常独特,它不是动物也不是植物,而是一个地方。此地有"中国明清建筑博物馆""中国十大历史文化名街之一"的美称,被誉为"中国城市里坊制度活化石",地名叫作"三坊七巷"。要提醒你的是,"坊"字读作"fāng",不要把它误读成"fǎng"。

在《现代汉语词典》(第7版)中,"坊"字的读音只有两个声调:"fāng"和"fáng",不存在第三声的读法。读作"fāng"时，它有三个意思：一是指里巷，多用于街巷名，比如我们刚刚说的三坊七巷；二是指店铺，比如书坊；三是指牌坊。而读作"fáng"的时候只有一个意思，是小手工业者的工作场所，比如：作坊、磨坊、染坊。

了解了"坊"字的读音，我们再看看它的释义。《说文解字》中是这样解释"坊"字的："邑里之名。从土方声。"它的本义是街巷的名称，因为与"埅"（fāng）字通用，又有以土防范的意思。

说回三坊七巷，这个地方在哪里呢？它位于福建省福州市鼓楼区南后街，是那里依次排列的巷坊的总称，以南后街为中轴，西侧是包括衣锦坊、文儒坊、光禄坊的"三坊"，东侧是包括杨桥巷、郎官巷、安民巷、黄巷、塔巷、宫巷、吉庇巷的"七巷"。这些街区自晋代、唐代时就开始逐渐形成，成为各朝贵族和士大夫的聚居地，到了清朝至近代，这里更是名流云集之地。郁达夫走访时曾描述过"两旁进士之匾额，多如市上招牌"的盛景。

"虎门销烟"的民族英雄林则徐在文儒坊度过童年，"译界之王"林纾在光禄坊度过少年。

三坊七巷中有一户民居，坐落在福州鼓楼区杨桥东路17号，如今宅门两侧牌匾上分别写着"林觉民故居"和"冰心故居"。难道林谢两家曾经同在一个屋檐下吗？其实这正是因为这里前前后后住进过好几位名人，牌匾所指在同一空间，却不在同一时间。革命烈士林觉民在这里长大，他的哥哥是林长民，林长民之女是著名才女林徽因。后来，林觉民投身于反帝反封建的大潮，留下一封《与妻诀别书》，就再没有回到这间祖屋。而林徽因终其一生，只回福州一次，那一次，他为叔叔林天民设计了福州东街文艺剧场。

林觉民牺牲后，林家就搬到了光禄坊，将这座宅院卖给了当时年逾七旬、带着家人从烟台搬到福州的谢銮恩。当时谢銮恩的孙女谢婉莹——我们熟悉的中国现代作家冰心，她只有十一岁。

冰心曾经在《我的故乡》中介绍她的故居："我们这所房子，有好几个院子，但它不像北方的'四合院'的院子，只是在一排或一进屋子的前面，有一个长方形的'天井'，每个'天井'里都有一口井，这几乎是福州房子的特点。"

在三坊七巷留下脚印的，除了林则徐、林纾、林觉民、林徽因、冰心，还有"末代帝师"陈宝琛、民主革命家黄乃裳、中国"船政之父"沈葆桢、翻译家和教育家严复、中国报界先驱林白水、作家郁达夫、诗人王冷斋……

"一片三坊七巷，半部中国近代史。"在这样如史书一般的历史文化名街走一走,会切切实实感受到我们每一个脚印都与历史上名流先贤的足迹重合。

如果你到福州旅游,一定要到三坊七巷走走,不仅能领略中国传统建筑之美,还能在人杰地灵之处对中国近代史有更加立体的了解。

现在,你记住"三坊七巷"包括哪三坊和哪七巷了吗?

龟 兹

——消失的古国，未消失的文明

我们讲到过的许多地名，都是就在那里等着你去游览、去经过或逗留的，但今天的"咬文嚼字"小课堂，我们要说的这个地方已经不存在了，只能供我们凭吊，它就是已经消失了的西域古国——龟兹。这两个字到底怎么读呢？有人会说，这不很简单吗？这两个字我都认识，不就是龟（guī）和兹（zī）吗？其实这两个字放在一起时，就不再读我们日常发音的龟（guī）和兹（zī），而是读"Qiūcí"。

龟兹，又写作丘兹、丘慈、屈茨，是用汉字书写梵名"Kuci^na"的发音。它曾是非常有魅力的地方，英国著名历史学家汤因比甚至曾说，如果有来世，他愿生在两千年前的龟兹。

龟兹国以库车绿洲为中心，原本是隶属于匈奴的国家，后来臣服于汉朝,成为西域北道诸国之一。东汉史学家班固在《汉书·西域传》中首次提到这个国家:"龟兹国,王治延城,去长安七千四百八十里,户六千九百七十,口八万一千三百一十七,胜兵二万一千七十六人。"当时的龟兹是西域各国中最强大、人口最多的国家,最繁荣时北达天山山脉,南靠大漠。

在历史长河中,中原王朝几经更迭,一度失去对西域的控制,地处丝绸之路十字路口的龟兹,被各方觊觎,先后臣服于匈奴、柔然、"白匈奴"嚈哒(yàndā),以及西突厥汗国。直到唐朝时,唐太宗再次将龟兹纳入汉廷统治,并将安西都护府从西州迁到龟兹,设立龟兹、于阗、焉耆、疏勒这"安西四镇"。龟兹不断被汉民族同化,衍生出汉姓,历史遗物显示,唐朝著名诗人白居易与龟兹族人有着血缘关系。

唐初姚察、姚思廉撰写的《梁书》中记载,龟兹古国"城有三重,外城与长安相等,宫室壮丽,饰于琅轩金玉"。《旧唐书·西戎传》中记载,龟兹"饶葡萄酒,富室至数百石"。(要注意"石"字指古代的计量单位时,我们现在都读作"dàn",但是古音中表示计量单位时仍读作"shí"。)十斗为一石,隋唐时期的一斗等于六升。龟兹国一个富豪家中的藏酒就可以达到六千升以上,足以说明这个古城的富庶。

龟兹作为"丝绸之路"上的重镇，季羡林先生称它是古印度、希腊罗马、波斯、汉唐四大文明在世界上唯一交汇之处。正是因为这个地理优势，龟兹的宗教、文化、经济都非常发达。龟兹拥有比莫高窟历史更久远的石窟艺术，被现代石窟艺术家称为"第二个敦煌莫高窟"。

龟兹人还特别擅长音乐，创作出龟兹乐舞。相传演奏一曲龟兹乐曲要用到竖箜篌、琵琶、五弦、笙、笛、箫、篳篥、毛员鼓、都昙鼓、答腊鼓、腰鼓、羯鼓、鸡娄鼓、铜钹、贝、弹筝、候提鼓、齐鼓、檐鼓等二十八种乐器，简直就是现代交响乐团的规模。我们都知道中原地区的音乐是以宫、商、角、徵、羽构成的五声调式为主。而《隋书·音乐志》记载龟兹乐有七声，分别是宫声、南吕声、角声、变徵声、徵声、羽声、变宫声。唐太宗主编的《秦王破阵乐》和唐玄宗主编的《霓裳（cháng）羽衣曲》我们不一定听过，但一定都听说过。这两部艺术水准极高的宫廷乐舞都糅合了龟兹乐的元素。

到 11 世纪时，龟兹被喀喇汗国攻占，这一次，千年古国龟兹面临的是整个文明的覆灭。

直到 1758 年，也就是乾隆二十三年间，这个地区归入清朝的版图中，定名库车。光绪年间库车是直隶州，民国时期改为县，2019 年改为县级市。

"龟兹"这个千年古国虽然已经消失了,但是库车这块土地上,新的文明会一直持续下去。我相信,库车会因为中国的不断强大,谱写出文明史上更灿烂的篇章。

珲 春

——一眼望三国，不是魏蜀吴

介绍过龟兹古国这个古代丝绸之路上的重阵，我们再聊聊中国东北边境一个曾经是"日本道海上丝绸之路"的地方：吉林省延边朝鲜族自治州的珲春市。很多读者会下意识地读出这个城市的名字："huī"春。因为我们都知道有个地名叫瑷珲（Àihuī）。但是"珲"是多音字，"珲春"这座城市的读音应该是"Húnchūn"。

在《现代汉语词典》（第7版）中，"珲"字这两个读音的释义也只用于"瑷珲"和"珲春"两个地名中，没有其他解释。《说文解字》中还没有收录这个字，北宋时期官修的韵书《集韵》中有记载，"珲"字只有一个读音"hún"，指一种美玉。

"珲春"作为地名最早见于《金史》，写作"浑蠢"，这两个字现在看来都不是很美好，但它主要起的是记录地名读音的作用。《明史》中也延续了"浑蠢"的写法。这个词在女真族语言，也就是后来的满语中是"边地、边陲"的意思。"浑蠢"在其他史料中还有"浑淖浑""温车恨""浑蠢浑""训春"等多种写法。根据《珲春县志》和《珲春乡土志》记载：这个词的读音是魏晋时期"沃沮"的变音。"沃沮"的意思是"森林部落"。南朝刘宋的历史学家范晔编撰的《后汉书·东夷列传》中有这样一段关于"沃沮"的描述："武帝灭朝鲜，以沃沮地为玄菟（tù）郡。"

清代曹廷杰撰写的《东三省舆地图说》中将"沃沮"写作"窝稽"，"亦曰乌稽，亦曰阿集，知两汉之沃沮，南北朝之勿吉，隋唐之靺鞨，皆指此也。查两汉沃沮有南北之分，当以长白山为限，在山南者为南沃沮，在山北者为北沃沮"。北沃沮就在吉林珲春一带。说到"隋唐之靺鞨"，我们自然会想到隋唐时期的渤海国。当时靺鞨族在今天中国的东北地区、朝鲜半岛东北及俄罗斯远东地区的一部分建立了渤海国。713年，唐玄宗册封靺鞨首领大祚（zuò）荣为"渤海郡王"。762年，唐朝又将渤海升格为国。

在全盛时期，这里更是拥有"海东盛国"的美称。从诗人温庭筠《送渤海王子归本国》的著名诗篇中，我们可以看出渤海与唐朝的亲密关系和文化交流盛况。诗中说:"疆理虽重海,车书本一家。盛勋归旧国,佳句在中华。"

渤海与日本也曾有过非常密切的文化交流,曾开辟了穿梭于日本海的"日本道"作为往来通道。渤海向日本输出东北特产的兽皮、人参、蜂蜜,日本向渤海输出彩帛、绫、绵、罗、丝等丝织品。两国使臣吟诗唱和,在文字、音乐、舞蹈等各个文化领域都有相互交流影响。

珲春这两个字第一次在官方出现,是清代康熙五十三年,也就是1714年时,清政府设珲春协领。1869年到1875年间,大批朝鲜人由于饥荒、战乱,纷纷越过图们江垦荒谋生,形成了珲春朝鲜族的雏形。

珲春市有一处名胜区是防川村,位于中朝与朝俄界河图们江的日本海入海口,隋唐时是重要的"日本道海上丝绸之路",如今的"东方第一村",在这里,我们可以体验到"一眼望三国"。因为它刚好地处我国像雄鸡一样的版图的鸡嘴的位置,当地就流传这样一首诗:"鸡鸣闻三国,犬吠惊三疆,花开香四邻,笑语传三邦。"防川有一段公路叫"洋馆坪路堤",是图们江的江堤。路的一侧是中国,另一侧就是我们的邻国俄罗斯的领土了。

因为特殊的地理位置,有关珲春,以及曾经的渤海国的历史非常纷繁复杂，在这里我就不一一向大家介绍了，感兴趣的读者不妨在历史书中丰富自己对这里的认识，要记得在查阅资料时，不要把"珲春"这个地名读错了。

大栅栏

——小康带你去逛京剧圈的"好莱坞"

老北京有一句顺口溜:"看玩意儿上天桥,买东西到大栅栏。"这里的"天桥"不是普通的过街天桥,而是"酒旗戏鼓天桥市,多少游人不忆家"的平民市场,因为是明清两代皇帝祭天时的必经之地而得名,桥下是老舍先生曾在作品中书写的龙须沟。显然,"大栅栏"也不是普通的栅栏,它连读音都与其他栅栏不同,读作"Dàshílànr"。大栅栏是繁华的街区,地处老北京的南中轴线上,东起前门大街,西抵煤市街,两侧商铺林立。这里曾经确实有栅栏存在,但是清朝光绪二十五年,这里一场火灾烧毁了木质栅栏,直到2000年,北京市政府在这里修建了铁艺栅栏,大栅栏又名副其实起来。

据说,在明朝永乐年间,皇城四门、钟鼓楼等处修建起了几千间民房和铺房，供当地的居民、商人居住或做买卖，当时叫作"廊房"。一些学者分析，这些廊房就是现在北京前门外的商业街区大栅栏的前身。明朝弘治元年，孝宗下令在北京城内大街曲巷设立栅栏，同时派兵把守以绝盗窃。因此有了"大栅栏"之名。

据《大清会典》记载：清初，北京内城有大小栅栏1100余道，外城有大小栅栏440余道，栅栏门晨启昏闭。直到清代中叶栅栏才渐渐消失。北京今天还有横栅栏胡同、双栅栏胡同、三道栅栏胡同，在这众多的栅栏里，为什么只有前门的"大栅栏"读音不同呢？

我查阅了《现代汉语词典》（第7版），"栅"字只有"zhà"和"shān"这两个读音，没有"shí"这个读音；在《说文解字》中，"栅"字是"编竖木也，从木从册，册亦声"，说明"栅"在古代是形声字，古音读作"cè"。看来古音中也没有"shí"的读音。

有一种说法是我觉得比较可信的，在这里分享给大家。"大栅栏"的读音来自满语的"沙剌（lá）"。清代周家楣、缪荃孙编纂的《光绪顺天府志》中记载："沙剌即沙拉，国语谓珊瑚也。"乾隆时期的沙拉胡同写作栅栏胡同，光绪年间写作纱络胡同，民国时写作沙栏胡同，这大概与我们曾经说过的"龟兹"的写法有很多是一样的，都是在以汉字确定另一种语言的发音时没有形成统一的写法，最后渐渐统一写为"大栅栏"。满语中的"大沙剌"意思是"大珠宝市"了。

按现在的话说，大栅栏在明清时就是老北京的CBD。当时有几句形容这里繁华的俗语："京师之精华尽在于此，热闹繁华亦莫过于此。""繁华市井何处有，大栅栏内去转游。"同仁堂药店、张一元茶庄、六必居酱园、步瀛斋鞋店等都是大栅栏的百年老店。如今这里更是成为北京独有的一个集物质文化遗产和非物质文化遗产于一地的京城老字号聚集地。

大栅栏还有一个鲜为人知的称号——京剧圈"好莱坞"。清朝康熙皇帝担心八旗官兵骄奢颓靡，特下规定：京城内城"永行禁止开设戏馆"，外城"概行禁止夜唱"。于是原本在内城的娱乐休闲场所就都搬到了离内城较近的大栅栏。乾隆八十大寿那年，四大徽班来京为皇帝庆生祝寿，被乾隆御赐留京，便在大栅栏街区开了戏园。京剧"七大名班""三大科班"也都开办在大栅栏。"同光十三绝""四大名旦""四大须生"都住在大栅栏，"四大须生"之一马连良还和"四大名旦"之一尚小云住对门。以至于老北京有一首《新竹枝词》这样描述大栅栏的盛况："前门大街梨园地，敲锣打鼓唱京剧；听完京戏买东西，一举两得赛赶集。"

虽然在北京生活了这么多年,我也很久没去过大栅栏这个城市地标了。如果有一天去转一转,不知还能否听到商铺间的吆喝声,能否感受到几分百年前老字号的烟火气呢?

山西、陕西

——小康盘点特殊的地名译文

今天的"咬文嚼字"小课堂特别有意思,我们不仅要"嚼一嚼"地名的拼音,还要"嚼一嚼"英文译名。因为第14届全运会在我国陕西西安举行时,有些细心的网友发现,全运会开幕式宣传牌上的"陕西"英文拼写是"SHAANXI",比拼音"Shǎnxī"多了一个字母A。网友指出这个"错误"后,还曾引起一波热议。其实官方并没有写错,而是采用了"国语罗马字"来书写英文地名。

我们知道,汉语有四个声调,存在很多拼写相同但声调不同的词,就比如"陕西"和"山西",以拼音表示英译地名,都写作"Shanxi",外国友人要准确读出声调是很有难度的,这也使中国地名进入国际社会变得困难。于是在20世纪70年代，国家测绘局地名研究所参考了国语罗马字标调法，这是一套汉字拉丁化的方案。在汉语拼音体系中，我们是以声调符号来标注声调的，而在国语罗马字体系中，以字母来标注声调。汉语拼音中的 ā、á、ǎ、à，在国语罗马字中标注为：a、ar、aa、ah。陕西的"陕"是第三声，也就是 aa，因此在英译地名中就写作"SHAANXI"了。

国际上对中国人名有时也会以国语罗马字体系标注声调，比如我国伟大的几何学家、"微分几何之父"陈省身的英文名就写作"Shiing-shenChern"。元音双写表示第三声，元音后加 r 表示第二声。

我国除了陕西省以外，还有四个行政区有专属的英文译名，而不是汉语拼音直接作英文的，分别是：香港（HongKong），澳门（Macao），内蒙古（Inner Mongolia）和西藏（Tibet）。

"HongKong"是由香港特别行政区内主要使用的粤语音译成英文。

"Macao"这个译文源于东南沿海地区信仰的海神"妈祖"。明嘉靖三十二年，葡萄牙人从当时明朝广东地方政府取得了在澳门的居住权，成为首批进入中国的欧洲人。因为葡萄牙人在妈祖阁附近登陆，询问地名时，当地人回答说"妈阁"，于是澳门便有了葡萄牙语的译音"Macau"，英文为"Macao"。

我国内蒙古自治区的英文译为"Inner Mongolia",是和蒙古国的"Mongolia"相对。不过在中华人民共和国护照上的出生地或签发地一栏,内蒙古自治区却写作"NeiMongol"。这是因为按照国际惯例,地名的翻译都应该使用罗马字母拼写。而如果是中文的专有名词,那么其中源于汉语的部分应该使用汉语拼音"Nei",而不将其意译成英文的"Inner"。如果源自蒙古语、维吾尔语、藏语等少数民族语言的话,则采用与之相应的罗马字母进行拼写。所以"蒙古"采用了蒙古语直接转写为罗马字母的写法,写作"Mongol",合起来就是"NeiMongol"。

西藏自治区的英文是"Tibet",这个词的词源出现得很早,但具体已不可考了,我们只知道唐宋时称西藏为"吐蕃",到清朝时定名为"西藏"。有种说法是,突厥人和蒙古人称藏族为"土伯特",到元代时,阿拉伯人把"土伯特"介绍到西方,后来才变成了现代拉丁语系中的"Tibet"。

说完英译地名,我们再来"嚼一嚼"地名的缩写。陕西和山西的英译名我们都知道了,那如果用字母缩写呢?我们都知道北京市缩写为BJ,陕西和山西都缩写为SX吗?同样,"河北"与"湖北"好像一缩写也分不清了。

根据2002年发布的《中华人民共和国信息产业部关于中

国互联网络域名体系的公告》，这几个行政区域的缩写名有特殊的规定：河北省缩写为 HE，湖北省缩写为 HB；山西省缩写为 SX，陕西省缩写为 SN；河南省缩写为 HA，湖南省缩写为 HN，海南省缩写为 HI；黑龙江缩写为 HL，内蒙古缩写为 NM；香港缩写为 HK，澳门缩写为 MO。

如果留心观察就会发现，很多我们以为早已熟知的常识，"咬文嚼字"一番，才惊觉这些竟然是知识的盲区。知识的盲区是扫不清的，但是每天积累一点儿新知识，我们都能成为"学富五车"的人。

拙政园

——小康讲"中国园林之母"的故事

今天的"咬文嚼字"小课堂,我们一起探访有"中国园林之母"美称的江南园林代表——拙政园。

在这里要注意的是,"拙"这个字读作"zhuō",而不是"zhuó"。"拙"字在《说文解字》中的意思是"不巧也。从手出声"。清代学者段玉裁在注中写道:"不能为技巧也。"在《现代汉语词典》(第7版)中,"拙"字有两个意思:一是形容笨;二是谦辞,用于称自己,比如拙著、拙见等。"拙政园"的名字用的也是这个意思,谦称自己是拙者。

拙政园这个名字怎么来的呢?拙政园所在地在元代时是大弘寺,元代末年"寺既荡尽,而东斋独存"。到了明代正德初年,朝廷御史王献臣官场失意,回到家乡苏州,就买下大弘寺旧址这块地，拓建起一个庭园。据说，因为仰慕好友文徵明的艺术造诣，他便邀请文徵明参与园林的设计。园子建成后，王献臣将其命名为"拙政园"。这里他用的是晋代文学家潘岳《闲居赋》中的典故。潘岳就是我在介绍"中牟"时向大家介绍过的美男子潘安。潘安五十岁时母亲生病，他便辞了官，想从此归隐田园，因此创作了《闲居赋》，总结自己三十年宦海沉浮，"灌园鬻（yù）蔬，以供朝夕之膳；牧羊酤（gū）酪，俟伏腊之费。孝乎惟孝，友于兄弟，此亦拙者之为政也"。自给自足，孝顺母亲，友善兄弟，这也是拙者的为政啊。潘岳的这番话正应和了王献臣建园时的心态。

王献臣的朋友文徵明是明代著名山水画家、"吴门画派"的领袖。据周道振先生的《文徵明传》记载，有一年正月初二，文徵明冒雪向王献臣拜年，两人登上了拙政园的梦隐楼，饮酒赏景一整天。文徵明绘制了《拙政园三十一景图》，并在晚年创作了小楷书法作品《王氏拙政园记》，极富意趣。王献臣曾移送一些竹子给文徵明，他就种在停云馆前；文徵明又亲手在园中种植了一棵紫藤，见证两位文友的雅趣。

我非常欣赏老子在《道德经》中的一句话："大巧若拙。"意思是真正聪明的人看上去会显得笨拙，大智大巧的人应该不事张扬，藏锋守拙，明事理而不求名利。曾国藩也曾经说过：

"天下之至拙,能破天下之至巧。"用一个词语概括就是"以拙破巧"。曾国藩连续考了六次科举都名落孙山,直到第七次才考上秀才。梁启超评价他:"文正固非有超群绝伦之天才,在并时诸贤杰中,称最钝拙。"曾国藩也知道自己天资不高,但是他始终不肯放弃,"天资拙,唯有以恒破之"。曾国藩后来在《台州墓表》中回忆自己笨拙的学习方式:"晨夕讲授,指画耳提,不达则再诏之,已而三复之。"按照我们今天的话说就是死记硬背,没有其他巧妙的方法。但也正是因为他知道自己钝拙,比别人更肯努力,更能坚持,后来才为官十年连升十级,成就了不平凡的一生。

拙政园是苏州园林中面积最大的古典山水园林,与狮子林、沧浪亭、留园并称为"苏州四大名园"。

我们讲到拙政园是我国四大古典名园之一,你知道其他的三座名园在哪里吗?

答案是:北京颐和园、承德避暑山庄、苏州留园。

乐山、乐清、乐亭

——这三个地名你读对了吗

李大钊同志是中国共产主义运动的先驱,伟大的马克思主义者,杰出的无产阶级革命家,中国共产党的主要创始人之一。他也是我的河北老乡。1889年10月他出生在河北省的乐(lào)亭县,1913年东渡日本,就读于东京早稻田大学,接触到了社会主义思想和马克思主义学说。回国后,他积极投身于新文化运动,宣传民主、科学精神,激发了当时中国青年的朝气和进取精神。

我们就从李大钊同志的出生地,河北乐亭县中的"乐"字说起。《现代汉语词典》(第7版)中,"乐"字有三个读音:"lè""yuè"和"lào"。"乐"读作"lè"时有两种意思:一是指快乐,二是指笑;读作"yuè"时,意思是音乐；读作"lào"时，只用在"乐亭"这个地名中。

我们记住了"乐亭"的读音，再来说说位于四川省中部的"乐山"——一座以"乐山大佛"闻名的城市，所以大家应该都知道它的读音："Lèshān"。此外它还有着"海棠香国"的美称。乐山古称嘉州，唐代诗人岑参因为曾在嘉州任刺史，所以世称"岑嘉州"；南宋诗人陆游也一度在嘉州任通判，留下了"铁马秋风大散关"的诗篇。清朝雍正十二年（1734年），升嘉州为嘉定府，并在府治置乐山县，因城西南五里有至乐山，所以县名定为乐山，一直沿用到今天。

我们记住了"乐亭"，记住了"乐山"，再来认识一下"乐清"。这座城市名，读作"Yuèqīng"。它位于浙江东南部，市内有一座山，号称"东南第一山"，你可能会问，那不是安徽九华山吗？奇妙的是，"东南第一山"这个称号是并列第一。从知名度来说，九华山当仁不让；而从地理方位上说，应该是乐清的雁荡山。雁荡山被誉为"海上名山，寰中绝胜"，谢灵运、沈括、徐霞客等文人墨客都在这里留下了墨宝。2005年，这里被联合国教科文组织评为"世界地质公园"。

乐清方言是非常值得一讲的内容。浙江省内丘陵众多，古人交通非常不便，这就使得当地的语言"十里不同音，百里不同语"。文化沟通有了屏障，但也因此保留了更多古音的因素，传承到今天,就有了被网友们形容为非常"魔性"的温州话。其实,"温州话"是瓯(ōu)语的俗称,乐清话就是乐清瓯语,它保留的古音更多。我猜乐清的朋友读文言文都是"秒懂"吧?

说到这儿我就想到了孔子的名言:"知(智)者乐水,仁者乐山。"这句中的"乐"字应该怎么读呢?根据《礼记》中的定音来看,应该读作"yuè";而到了北宋时期,官修韵书《广韵》把"乐"字解释为"喜好,爱好",定音为"yào";于是南宋的朱熹编注《论语集注》时就将"yào"的读音规范编注其中,从此约定俗成传承下来;到明清时期,又有学者反对"yào"的读音;当代语言学家杨伯峻先生在《论语译注》中明确称,这个"乐"应该是"以山为乐""以水为乐"之意,应该读"lè"。对这个字读音的争论也体现了文学的魅力,孔子当时说这段话时是如何发音的我们已经无从知晓,但是每个人都能够凭借自己的理解和想象,赋予这句话更丰富的意义。

再告诉大家两个冷知识。

第一个:当"乐"这个字用于姓氏时,"Lè"与"Yuè"的读音都存在,所以认识这个姓氏的朋友时,你记得问一下:这个姓应该怎么读呢?

第二个:有些汉字和"乐"字一样,在不同地名中读不同音。比如云南省有丽(lì)江市,浙江省有丽(lí)水市;山西省有长（zhǎng）子县，湖南省有长（cháng）沙市；新疆维吾尔自治区有吐鲁番（fān），广东省有番（pān）禺区。

每个地名背后都有丰富的历史文化内涵，所以我们一定要把读音读对。

弄　堂

——这里生活着兴兴轰轰的上海人

南朝笔记小说《世说新语》中记载了一段非同寻常的知音故事。故事发生在东晋时期，有一天，著名书法家王徽之（字子猷）把船停泊在青溪码头，碰巧当时的著名音乐家桓伊从岸边经过。王徽之不认识他，但听船上的客人说此人是"笛圣"桓伊，于是命人前去说道："闻君善吹笛，试为我一奏。"桓伊当时的身份已是高官贵胄，但他也听说过王徽之的才华，于是当即下车登船，坐在胡床上，为王徽之吹奏了一支笛曲。一曲终了，主客双方没有交谈一句话，桓伊下船便走了。这正是率真脱俗真名士的魏晋风流，令人抚掌称赞。

桓伊当时在船上吹奏的笛曲就是他的千古佳作《梅花三弄》。今天我们要说的就是"弄"字。

金文中这个字的上部是"王",从"玉"部;下部字形是"廾(gǒng)",今天写作"拱",像一双手,本义就是"把玩玉器"。《说文解字》中解释道:"玩也。从廾持玉。"后来,赏玩的对象不断扩大,由玉而及他物,由物品而及人事,由实而虚,也就有了演奏的意思。"梅花三弄"就是指将梅花曲演奏了三次。

但你可能不知道,这个字还有另一个读音,那就是"lòng"。读作"lòng"时,它是小巷的意思,比如"弄堂""里弄"。说到弄堂,可能南方的朋友们都很熟悉了,但北方的朋友了解得不多,因为北方人都习惯称小巷为胡同。

古人以"弄"字指宫中的路,以"唐"字指庙中的路。而大街小巷的"巷"字的古音和我国南方的"弄"字发音很相似,于是"巷"和"弄"就相互通用了。后来,"弄"和"唐"结合组成了双音词"弄唐"。明代祝允明所撰的《前闻记》中专有一篇写《弄》的笔记,记载道:"今人呼屋下小巷为弄。……俗又呼弄唐。"到了近代,"唐"被"堂"字取代,于是有了"弄堂"的写法。

在江南地区,弄堂是很常见的,但是知名度能跟北京胡同相媲美、具有鲜明地域特色并成为民居建筑形式独特代表的是上海的弄堂。早期的上海里弄形成于19世纪中期,鸦片战争后,上海被划分出洋人居住的租界。后来战火频仍,江浙一带的乡绅和富商纷纷涌入上海租界寻求庇护,造成租界内的房屋紧缺,房价高企,于是外商纷纷投资房地产经营,建起以出租为主的联排木板简屋,简屋所在的地方就以"某某里"命名。因为木板屋房容易引起火灾,建筑又太密集,火势不容易控制,非常不安全,就逐渐被租界当局取缔,替换为木结构加砖墙的建筑方式,门框为一圈石头,门扇是乌漆实心厚木,门上有铜环,这就是上海人所说的"石库门"。当时的石库门住宅大多采用了江南地区常见的马头墙,或观音兜山墙,一排排石库门隔离开的住宅之间,就形成了一条条弄堂。又经过了半个多世纪,到20世纪二三十年代,石库门建筑再次迭代,原本是中式的建筑风格越来越向西式演变,天井变成了绿化庭院,长条形的建筑变成了半独立形式,公寓式和花园式里弄开始出现,老弄堂的味道更加稀释了。

　　弄堂不仅是近代上海文化的象征,也承载着很多人的回忆。就拿淮海坊来说,因为居住环境的优越,得到了很多名人的青睐。徐悲鸿就曾住在这里的99号,并且和田汉等二十多位进步的艺术家在这里召开了南国复兴运动大会,成立了南国社;巴金也曾在这里居住过,而且时间长达18年,并且在居住期间,为淮海坊留下了他的礼物——小说《春》《秋》《团圆》等文学作品。我们的中国共产党就是在上海的弄堂里诞生的，中共一大的会址也正是一幢典型的石库门建筑，乌漆木门、朱红窗棂、砖红雕花门楣，极具特色，彰显着庄严肃穆、恢宏大气的同时，又不动声色地讲述着红色历史。

我国著名的作家和画家木心先生曾写过一篇叫作《弄堂风光》的散文，他认为北京的胡同是寂寞的，杭州的巷又清虚成郁闷，而上海的弄堂是发酵的人世间。在他看来，弄堂的生活有肮脏，有不便，与大都会的文明不沾边，但是，"上海人从来不会感叹日子腻，张爱玲惯用的词汇中有一个'兴兴轰轰'，乃是江苏浙江地域的口头语，在中国没有比'上海人'更'兴兴轰轰'的了"。

我想，形容弄堂的景象，大概也没有比"兴兴轰轰"这四个字更合适的了。

要记得，"弄"字在"梅花三弄"中读作"nòng"，在江南的"弄堂"中读作"lòng"。

台 州

——这里有半部《全唐诗》

云儿飘在海空，

鱼儿藏在水中，

早晨太阳里晒渔网，

迎面吹过来大海风……

这是一首优美但容易暴露年龄的老歌——《渔光曲》。它是电影《渔光曲》的主题歌。电影拍摄于1934年，参加了莫斯科国际电影节，荣获第九名，成为中国首部获得国际荣誉的电影。我们在"咬文嚼字"小课堂里提起这部电影，是因为《渔光曲》曾在蛇蟠（pán）岛取过景。你知道蛇蟠岛在哪儿吗？答案是：浙江台州。要注意的是，"台"字在这个地名中读作"tāi"。

其实除了台州当地人，很少有人知道"台"是个多音字；也很少有人知道，"台"和繁体字"臺"在古代都存在，但意思并不相同。《说文解字》中对"台"的解释为："说也。从口，㠯（yǐ）声。"这个"说"是"悦"的古字，"台"也就与今天的"怡"字有着相同的含义了。"台"同时也是"胎"字的本字。

而《说文解字》对"臺"的解释为："观，四方而高者。从至从之，从高省。与室屋同意。"可见，今天简化为"台"的"臺"字是指高于四方的平整处，也就是我们今天说的亭台、高台之意，后来又衍生为建筑、机构或器物，比如"舞台""电视台"等，还可以用作量词，如"一台戏"。

《现代汉语词典》（第7版）中明确规范"台"字只在"台州""天台"这两个地名、山名中读阴平调"tāi"，其余时候都读作阳平的"tái"。

说到天台山，我也是最近查资料才知道，我国有不止一座天台山。在四川、山东、河北、河南、湖北、安徽等地方都有天台山，统计数据没有定论，有十几座甚至几十座的说法。大概是因为在每座山的高处，都会有一处相对平整的"天臺"。所以，各地的天台山都读作天"tái"山。

但是，只有浙江台州的天台山读作天"tāi"山。这是为什么呢？因为浙江这座山的"天台"并非"天臺"。这座天台山的名字源于晋朝流行的天象星宿之学。在大禹时期，中华大地就被分为九州；唐代天文学家李淳风撰写的《晋书·天文志》记载了天下九州与天上二十八星宿的对应关系；道藏本《天台山志》记载："天台山在县北三里，自神迹石起。按《旧图经》载陶隐居《真诰》云：'高一万八千丈，周回八百里，有八重，四面如一，当斗牛之分，上应台宿，故曰天台。'"从中可以看出，南朝道士陶弘景在《真诰》中道出了天台山与台宿的对应关系：天台山是山名，在会稽郡，山有八重相叠，四面相同，方位在二十八星宿当中的斗宿和牛宿之间，正与台宿对应，因此称为天台。台宿指的是"三台（tāi）星"，共六颗星，两两并排斜上，如阶梯一样，因此又称作"泰阶星"。天上的三台，对应着地上的三公。天台山的山名源于三台星，台州这个地名又源于当地的天台山。

天台山自古人杰地灵，甚至有"一座天台山，半部《全唐诗》"的说法。有学者研究，《全唐诗》中的 2200 多位诗人，有 400 多位曾来到这儿，留下了 1300 多首诗歌。诗人们对这里情有独钟，李白曾赞美："龙楼凤阙不肯住，飞腾直欲天台去。"杜甫曾感叹："台州地阔海冥冥，云水长和岛屿青。"1613年的初夏,"游圣"徐霞客长途跋涉来到天台山,将天台山作为《徐霞客游记》的开篇游历地,开启了他伟大的考察生涯。在台州,真的是可读千载文化长卷,可观一城山海风光,幸福感就贮藏在让人流连忘返的"诗与远方"中。

除了天台山,台州还有两处古迹也值得说一说。第一处是神仙居,当年宋真宗来到这里,便觉得这不是一处简单的山峰,倒像是神仙居住的仙境,于是大笔一挥,将当时的"永安县"改为"仙居县","神仙居"的美名也由此而来。第二处是台州府城墙,有"江南长城"的美称。这道城墙始建于东晋,于北宋时期被洪水冲毁,修复时增治城堞,垒石为台,增强了抗洪功能。城墙的马面城台有军事和防洪的双重功能,这在全国城墙古迹中是非常罕见的。到明朝时,戚继光为了抗击倭寇,创建了双层空心敌台,既利于避雨御寒,又便于瞭望防守,在中国古代军事建筑史和城防史中都是一个非常重大的突破。

台州这个地方独一无二之处还有很多,被誉为"东方巴黎圣母院"的千年阳光镇——石塘就位于台州,它见证了中国大陆21世纪第一缕曙光落地。按我们通俗的话说,太阳未出地平线前的光是霞光,太阳圆盘刚冒尖时的那道光才是真正的曙光。因此,曙光落地台州的概率就好像"阳光照在竹筒里"那么小,为了永远纪念这个历史性时刻,这里建起了千年曙光碑。

每逢年岁更替，全国各地的人们便追光而至，在这里许下美好心愿。

台州不仅风景美若仙境，还有丰富的历史名胜。我们由台州的读音一路探寻，了解了很多古代文化常识。

最后，我想和大家温故一下华夏大地上曾经具体存在的九州，分别是：冀州、兖（yǎn）州、青州、徐州、扬州、荆州、豫州、梁州、雍州。

丽 水

——养在深闺里的"绿覆美"

不知大家有没有看到过这样一则热搜——"宋代古莲千年后复活开花"。我当时看到就觉得,真美!更有网友评论说,这宋代古莲,一睡越千年,醒来是盛世。的确如此。这颗宋代古莲的种子,是2017年在南京秦淮河清淤时出土的,穿越千年,在博物馆工作人员精心地培育后,再度开花。而它是在哪儿复活开花的呢?就是我们要讲的浙江丽水,这个如莲花盛开般美丽的地方。关于这座千年"莲都",你究竟了解多少呢?

丽水,有的朋友说,顾名思义,读丽(lì)水,因为这里有美丽的水呀。确实,这儿是瓯江、钱塘江等六江的源头,还有我国最古老的大型水利工程——拱坝通济堰。但是丽水读"lí"不读"lì"。

有人说丽水就像是一位养在深闺人未识的丽人。因为和浙江其他城市比起来，丽水好像并不广为人知。它在浙江省的西南部，下辖的庆元县甚至因为地理位置被网友调侃成浙江的"省尾"。还有一个冷知识，丽水其实是浙江省面积第一大的城市，而且这个地方还拥有华东地区数量最多、风貌保存最完整的古村落。也有人说，丽水就像一位醉卧白云闲入梦的方外高人。

丽水的名字到底是怎么来的呢？这还得从1400多年前的隋代开始说起。丽水古名处（chǔ）州，根据唐代《元和郡县志》记载：丽水原来是当地一条名为"恶溪"的河流，因为湍流凶险，名为大恶，如李白诗中所言："却思恶溪去，宁惧恶溪恶。咆哮七十滩，水石相喷薄。"后来经过几代官民的共同治理，这条恶溪逐渐变得温驯了。隋开皇年间，这条恶溪改称为丽水。我想这两个字寄托了当地居民对风调雨顺的美好期望，也体现了我国古人的智慧。后代因循了这一名称，以丽水作为此地的县名。

丽水究竟有多美呢？它曾让当年的山水诗派鼻祖、中国最早的"旅游博主"谢灵运流连忘返。相传，丽水的缙云山是黄帝游仙、炼丹的地方。这样的人间仙境，谢灵运是一定会去打卡的。游览过后，这位"博主"将缙云山的美景写在诗文中。或许是这里的山水令谢灵运太过心驰神往，据说耳濡目染之下,他的儿子谢麟趾带着家人,千里迢迢也辗转来到缙云仙都,在这里安顿定居。如果真是这样的话,我想这是对丽水最早也最好的一次代言吧。

千年之后的今天,如果你想体验一下谢灵运的快乐,也可以在这里开启一段心中有闲适、悠然望山水的生活。

那为什么美丽的丽水不读"lì"水呢?我遍查资料,也没有找到丽水读音的依据,可以理解为这个地方的人们长久以来约定俗成的读音。如今,"Líshuǐ"的读音已被字典收录。

丽水秀山丽水,被誉为"中国生态第一市"和"浙江绿谷"。截止到2020年,丽水的森林覆盖率是全浙江省第一,所以有网友说丽水是当之无愧的浙江"绿覆美"。丽水的绿,绿得纯粹、绿得通透,郁郁葱葱的亚热带常绿阔叶林,绿得让人看不到季节的更替。

丽水有很多美得让人感觉不真实的地方,下辖的九个县级(市、区)分别是油画之乡莲都、剑瓷之都龙泉、石都青田、木玩之乡云和、廊桥之乡庆元,还有仙都缙云、淘金遂昌、田园松阳、畲乡景宁。处处风光旖旎,却又各具特色。

其中,庆元的廊桥,不仅具有全国数量最多、历史最悠久、历史沿革最具连贯性的特点,而且全国现存寿命最长、单孔廊屋最长、单孔跨度最大的木拱桥均在庆元县内,堪称当世一绝。

在这种架有屋檐的桥上也流传着很多美丽的故事。

有个故事堪称丽水版的《罗密欧与朱丽叶》。根据庆元县当地民间故事记载,一条溪水的两岸住着吴、陈两户人家,这两个家族在大旱的时候因为夺水成了世仇,可是这两家有一对青年男女吴如龙和陈来凤,不想延续前辈结下的仇怨,决定从附近的银屏山上开渠引水,保住收成,也化解两个家族往日的仇怨。两个青年人也因此生情,最后结为夫妻。为了纪念他们,吴、陈两家决定修建如龙桥和来凤桥,让后世子孙都可以和和睦睦、恩恩爱爱。这样的爱情故事真不愧是千年廊桥,飞上心涯。

人杰地灵的丽水在文学史上青史留名,不得不提明代著名戏曲家汤显祖。他曾在丽水遂昌县任县令,据说《牡丹亭》便创作于这一时期。巧合的是,在汤显祖创作《牡丹亭》的同一时期,万里之外的英国斯特拉夫德小镇上,莎士比亚正忙于他的创作。两位戏剧家于同年逝世,又同时被联合国教科文组织列入"世界百位历史文化名人"。

正是这因缘际会,打开了遂昌县与斯特拉夫德文化交流的大门。自2009年开启文化交流合作以来,英国代表团曾四次回访遂昌,遂昌县代表团也先后八次赴英交流。这对不少文学爱好者来说，是汤显祖与莎士比亚千年之后的梦幻联动了。

而提到昆曲《牡丹亭》，就不得不说说被称为"吴侬软语"的丽水当地方言。受到"七山一水两分田"的地形和移民等地理因素的影响，虽说浙江人大多数讲的都是吴语，但也有差别，仅浙江省内已经确定的方言就有 88 种之多。丽水就是一个多方言地区，其方言种类之多，差异之大，可称全国之最。

哪个中华儿女不曾有过仗剑走天涯的梦？丽水还是著名的龙泉宝剑的产地。龙泉宝剑始于春秋战国时期，有"坚韧锋利、刚柔并寓、寒光逼人、纹饰巧致"的特点。传说是由越国铸剑大师欧冶子所铸。为铸此剑，他凿开茨山，放出山中溪水，引到铸剑炉旁成北斗七星状环列的七个池中；剑成之后，他俯视剑身，如同登高山而下望深渊，缥缈深邃，仿佛有巨龙盘卧，所以宝剑名为"七星龙渊"，简称"龙渊剑"。唐朝时，因避高祖李渊之讳，人们便把"渊"字改成"泉"，故为"七星龙泉剑"，简称"龙泉剑"。从此，龙泉宝剑名扬天下。

蜚声中外的龙泉宝剑与龙泉青瓷、青田石雕并称为"丽水三宝"，"一瓷一剑"享誉世界。瓷，是传承千余年的龙泉窑青瓷。2009 年，龙泉青瓷传统烧制技艺被列入"联合国人类非物质文化遗产代表作名录"，成为全球迄今唯一入选的陶瓷类项目。

丽水市松阳县是华东地区古村落数量最多、风貌最完整的地区，被誉为"最后的江南秘境"。

丽水的山水之妙、人杰地灵，简直数不完道不尽，说了这么多，不如像谢灵运一样，到那里乐山好水一番吧！

井 陉

——这里为何是兵家必争之地？

在中华民族几千年的历史文化变革中，各地的地名和归属错综复杂，在岁月的洗礼中从来没有改变过地名的少之又少。我给小编推荐了一个很"长情"的地方，根据考证，《吕氏春秋》和《史记》当中都记载过这个地方，一直到今天都没有改过名字。它被联合国地名专家组中国分部认证过，是名副其实的千年古县——位于我的家乡河北省石家庄市的井陉（xíng）县。

"陉"字在我们的日常用语中不是很常见，我们还是从《说文解字》入手来了解一下它："陉，山绝坎也。"也就是指山脉中断的地方。在《现代汉语词典》（第7版）中，"陉"字也延续了《说文解字》的解释："山脉中断的地方、山口。"而且它的标音只有一个，就是"xíng"。你看，这个地方长情，这个字的读音和字意也很长情。

井陉这个地名又是怎么来的呢？太行山有很多中断的山谷，其中有八条咽喉要道，自古有"太行八陉"之称，清代学者段玉裁在对《说文解字》中的"陉"字做注解时，列举八陉分别为：轵（zhǐ）关陉、太行陉、白陉、滏口陉、井陉、飞狐陉、蒲阴陉、军都陉。井陉是其中第五陉，《太平寰宇记》中有记载："四方高，中央下，如井之深，如灶之陉，故谓之井陉。"

在两千多年的历史中，这里是商道、驿道、官道的必经之地。

世界上最早的古道，也是被誉为中华第一道的秦皇古驿道，在井陉还保存有完好的清代驿铺。驿铺就是驿站，虽然清代的驿站建立到现在将近200年，和秦皇古道比太年轻了，但即便是这个岁数的驿站，全国也只有两处而已，所以井陉的这个清驿铺，也被称为中国古代邮驿史的"活化石"。如果你去看一看秦皇古驿道，会发现那里保留了非常原始的秦时驰道，仔细观察，还能够看到路面上有古时候的车轮碾轧成的一尺多深的车辙，这也是当年秦皇车同轨、书同文留下的唯一历史见证了。

"天下险塞，兵家必争"，井陉素有"太行八陉之第五陉、天下九塞之第六塞"之称，我们都知道的成语"背水一战"，也与这里有着非常直接的关系。

《史记》中的《高祖本纪》和《淮阴侯列传》都有记载，公元前204年，楚汉相争时，刘邦派遣"汉初三杰"之一韩信率领几万军队与二十万赵军一决高下，看起来胜负毫无悬念，却被韩信逆风翻盘。一个原因是韩信刺探敌情，故意临近河水列阵，相当于给自己的军队断了后路，没有后路的将士们只能向前拼尽全力；另一个原因，就是汉军好像已经是瓮中之鳖的阵势让赵军放松了警惕，他们轻敌了。就在赵军想松一口气的时候，韩信暗中派主要兵力到敌方的营地偷换军旗。我们可以想象一下，将士们在前方杀得正起劲，一回头发现大本营被对方偷袭了，必定会措手不及，就是这样，最终韩信乘胜追击，给了敌方致命一击，大获全胜。战后，将领们问韩信为什么能在对自己不利的环境下以少胜多，韩信反问道："兵法不是说'陷之死地而后生，置之亡地而后存'吗？"这就是背水一战的故事。

近代历史上的一场著名战役——百团大战，也与井陉有关。

当时日寇占领了娘子关和井陉煤矿，这两个地方对于取得战争的胜利非常关键，是八路军的必取之地。为了迷惑日寇，八路军假意写了一封誓死与国民党军队决战的书信放在铁路沿线，故意让日寇巡逻队捡到，使他们放松警惕。八路军发布战争号令时预计可组织不少于22个团,而仅仅过了几天,参战兵力就达到105个团。得知消息后,当天中午,八路军将领就发出致各兵团电,首称这次战役为百团大战,战斗取得了空前的胜利。

井陉这个千年古县见证了历史长河中一场场著名战役,如今的"太行八陉"已被公路、铁路变成通途。

这座长情的古县还有很多很多值得看的地方,比如苍岩山、大石村等,等待你亲自去体验一番,去体验历史就沉积在脚下的感觉。

最后,我还想问问你,还知道哪些地方是著名的兵家必争之地吗?

小康家乡的
地名很长情

尖沙咀

——小康在香港多少街头打过卡？

"紫荆花又开,芳香弥天籁。"到2022年,香港特别行政区已经成立25周年了。关于香港的地名文化,你究竟了解多少呢?

尖沙咀(zuǐ)是香港一个非常有名的地标。你知道尖沙咀这个地名最早起源于什么时候吗?——明朝,真的是历史久远了。

尖沙咀又写作"尖沙嘴",在古代被称作尖沙头,旧名香埗(bù)头。它位于九龙半岛的尖端,根据记载,因为那个地方的海水当时被一座叫作官涌(chōng)山的山脉阻拦,日积月累,就形成一个沙滩,再加上海岸线凹凸不平,又长又尖,看起来就像鸟的嘴一样,所以被称为"尖沙咀"。

这么说来，实际上尖沙咀的"咀"和嘴巴的"嘴"应该存在着一些联系。那么问题来了：出现在地名中的"嘴"和"咀"到底哪个对呢？

许慎在《说文解字》中是这样解释"咀"字的："咀，含味也。从口且声。"它最初就有咀（jǔ）嚼的意思，抽象一些讲，就是细细品味的意思。今天的很多成语中也会用到这个字，比如"含英咀华"。它出现得要比我们现在经常用的"嘴"字更早。

在《现代汉语词典》（第7版）中，这个字有两个读音，一个是"jǔ"，另一个是"zuǐ"，与"嘴"是同一个意思，是嘴的俗体字。因为历史和地方方言等很多原因，在如今很多地名当中，我们会发现这两个"zuǐ"字有的时候也会混用，比如上海有很有名的"陆家嘴"，广州有"南汇嘴"，用的都是"嘴"字。

我们再说回到香港尖沙咀。它位于九龙半岛南端，面朝维多利亚港，和中环隔海相望，是香港最有名的旅游景点之一。有很多游客到了香港就必到尖沙咀去打卡。漫步尖沙咀，你一定不要错过维多利亚港的美景。应该说，没有什么能够比维港的天际线更能代表香港了，特别是夜幕降临的时候，华灯初上，美不胜收。当然，如果你是影迷的话，到了尖沙咀建议你一定要去一趟在王家卫电影《重庆森林》当中多次出现的重庆大厦。另外，在尖沙咀的海边还可以去星光大道，和很多你熟悉的明星的手印合个影。

说完尖沙咀，我们接下来再说一个香港很有意思的地名，这个地名中有一个字很容易读错，就是兰桂坊（fāng）。我们在介绍三坊七巷时已经为大家科普过这个"坊"字的读音。

兰桂坊最早是源自广东佛山九江的一座烟桥古村，据说光绪二十年左右的时候，烟桥有个村民叫何星桥，他从西欧经商之后回到故乡，希望子孙可以昌盛显达，兰桂腾芳，于是把自己在这个地方建立的一个书社——星桥书舍命名为兰桂坊。

到了20世纪，何星桥的后人移居香港后，在中环区获得一片地，便把曾经在烟桥村的兰桂坊这个名字也迁过来用了。很少人知道，如今香港最为流光溢彩、繁华时尚的兰桂坊，有着如此情怀浓重的文化渊源。

说到文化渊源，香港很多地名中都喜欢用吉祥的文字，能够体现中国传统文化当中讨个好彩头的含义，比如土瓜湾每条街的街名都是以吉祥动物的名字为首字，如鹤龄街、麟祥街、鹏程街，等等。你看，是不是都带有古色古香的中国气韵呢？这些地名不仅与中国文化和历史因素有关系，还特别受到了粤语方言的影响。

香港有些地名用粤语读出来更有意思，比如在中环有一条美轮街，它还有一个粤语俗名，这三个字写出来，如果我们按照普通话来注音的话应该读"Zhūshìlí"。粤语当中到底是什么意思呢？现在是指一个人很爱讲八卦，但它的原义指的是酒楼里的那些残羹冷饭。这条街为什么会叫这么一个名字呢？据说在19世纪的时候，美轮街曾经有一个大酒家，在这个大酒家门前，很多小商贩争相抢生意，渐渐地也形成了规模。因为小贩们卖的东西在食客看来都是一些残羹冷饭，所以"Zhūshìlí"慢慢地就变成了美轮街的俗称。

大家知道，在中国台湾很多街道都是用大陆的一些城市命名的，漫步在香港街头也会发现，有北京道、宁波街、南京街这样的地名。此外，香港街道还有一个很有意思的命名规律：以数字打头，加上一些很吉祥、很喜庆的字眼，比如大有街，"大"我们也可以把它排成"一"；双喜街，"双"就是"二"；接下来，还有三祝街、四美街、五芳街、六合街、七宝街、八达街，等等。其实这些街道的排布并不是以数字为顺序的，但是综合盘点时，是不是给人一种特别温馨和美的感觉？

今天的"咬文嚼字"小课堂，我们说了很多香港有趣的地名，也说到了兰桂坊这样容易读错的地名，我们注意到，香港很多的地名当中都保留着中国传统文化深深的印记。我想从这些地名当中也能够印证香港和内地从古至今就是联系非常密切的一个整体，从来没有分离过。如今香港已经回归祖国 25 周年了，它正从"由乱到治"走向"由治及兴"。香港真的是一本大书，也像一坛陈年的酒，对于我这个影迷来说，香港更像一部迷人的电影。香江永远如诗如歌，亦繁华亦烟火，且市井且诗意，既温暖又包容。香江永奔流，我们祝福象征着团圆和睦的紫荆花永远盛放。

小康盘点香港
有趣的地名

考古音频：
小康朗诵《香港：
最贵的一棵树》

婺　源

——不仅有油菜花，还很"有才华"

今天的"咬文嚼字"小课堂，我们来聊聊婺源这个地方。在《现代汉语词典》（第7版）中，"婺"这个字读作"wù"，可别和"落霞与孤鹜齐飞"的"鹜"弄混了。这个字作名词讲主要有"婺女星"（古星宿名）和"婺水"（河流名称）两个含义，这两个意思恰好对应了婺源的两种得名原因。

"婺源"这个地名是从哪里来的呢？关于这个来头众说纷纭，其中有三种说法流传最广：一种说法是这个地方处于婺江之源而得名；另一种说法与天上的二十八星宿有关，婺源这个地方正对着天宫的婺女星，相传有一年发大水时，婺女乘坐一条鳙（yōng）鱼拯救了县里的百姓，后来飞上天化作了婺女星，世世代代守护着婺源这个地方；第三种解释是作拆字解，"婺"

字上面是左边"矛"、右边"文",下面是个"女"字,合起来就说明婺源的女子能文能武。古时候婺源的男子大多在外经商做官,女子操持家事格外周全,这个地名是对婺源女性勤劳能干品格的赞扬。

这三种来源说,你认为哪一个最可信呢?

婺源的春天因油菜花而出名,每年三月中下旬,漫山遍野的梯田开满了金黄色的油菜花,粉红的桃花、洁白的梨花点缀其中,让每一个逃离纷繁城市的人都能找到赏心悦目的归宿。

到了秋天,婺源篁(huáng)岭还有一种农俗:由于地势崎岖,没有平地,村民只好将就着把粮食晾在自家窗台和晒楼上,这个农俗有一个诗意的名字,叫作"晒秋"。随着时令的交替,老百姓的晒匾里,主角也在不断变化,从大豆玉米晒到辣椒豆角,五彩斑斓的农产品编织出"大地艺术"的绝美画卷。每年秋分"中国农民丰收节"的时候,篁岭家家户户开始打麻糍、磨辣椒、做月饼,庆丰收、晒丰收、享丰收。

交杂在金黄的油菜花田与五彩晒匾之间的,是一年四季都白墙灰瓦的徽派建筑。可能有些读者要问了:婺源隶属于江西,可为什么整体的建筑风格都是徽文化元素呢?

我们向历史寻找答案,自唐宋以来,婺源便属于古徽州的一部分,地处安徽、江西、浙江三个省交界的地方。在古时候,婺源或是归黄山徽州府管理，或者划归到芜湖道。到了现代，由于婺源的地理位置十分重要，它先后被划分到江西、安徽两个省份进行管辖，直到1949年又由安徽划归江西，一直延续到今天。如今，婺源为江西上饶市的下辖县管辖。

虽然婺源从行政规划上属于江西，但是婺源的建筑风格依然是徽派建筑，婺源的代表文化也是徽州文化。而徽州文化向来就有重商好学的传统，这在婺源的土地上也体现得淋漓尽致。婺源的歙（shè）砚历来为不少文人雅士所称道，其中最著名的就是苏轼与歙砚的故事了，我们之前在说歙县的时候也有提到过。

在苏轼还只有十二岁的时候，他在家乡空地挖土玩耍时捡到了一块绿色的石头，摸起来竟然坚实细腻，还闪着银色光芒。父亲苏洵看他如此喜欢这块石头，便用它制作了一方砚台交给苏轼，这便开启了苏轼爱砚、藏砚之路。苏轼曾经以剑换砚，还专门写过赞美歙砚的小论文："砚之美，润而发墨，其他皆余事也。然两者相害，发墨必费笔，不费笔者必退墨，二者难兼。唯歙砚涩不留笔，滑不拒墨，二德相兼。"看来苏轼是名副其实的爱砚之人了。

婺源不仅风景秀美，也有悠久的历史文化，素有"书乡""茶乡"的美誉。南宋第六位皇帝宋度宗，因婺源是朱熹老家，赐给婺源"文公阙里"的名号。明清两代"一门九进士,六部四尚书"的奇观说的便是婺源的潘氏家族,出任七品以上文武官员的共有二十三人,时有"二科六举人,两榜四进士"美誉的坑头村也在婺源。真可谓既有油菜花,还很"有才华"。

婺源这个地方,凭借壮阔多彩的风景,白墙灰瓦的徽派古建筑,以及诗书香茗的历史文化,让游人如同踏入了古风古韵的画卷中去,不知今夕是何年。

亳 州

——"药都"的名字别读错了

说到最容易读错的地名,"亳州"一定是其中之一。"háo"州?"máo"州?都不对,这个地方念亳(Bó)州。亳州位于安徽省。只因一笔之差,不经意间,很多人把这座城市读作"毫州"。

"亳"字最早出现在甲骨卜辞中,有"于亳土御"一句,意思是在亳这个地方祭祀土地神。《说文解字》称:"亳,京兆杜陵亭也,从高省。"也就是说,亳位于京师的杜陵亭,在今西安市东南杜县,后人称其为"杜亳";"亳"与高的意思相关。安徽当地人对"亳"字有这样一个解释:亳字上面是"高"的一半,下面是"宅"的一半。两字合起来,有"高处建宅"之意。

在《现代汉语词典》(第7版)中,"亳"释义为:"地名,在安徽。"亳州古称"谯(qiáo)城",是中华民族古老文化的发祥地之一,这个地方可不简单,它不仅是"长寿之乡",还是中国最大的中药材集散中心,位列四大"药都"之首。在《药典》里含"亳"字的药就有亳芍、亳菊、亳桑皮、亳花粉,等等。其中,亳白芍还成功获批国家地理标志保护产品称号,亳州的市花就是亦花亦药的芍花。

亳州名人辈出,魏武帝曹操就是亳州人。过去亳州当地一直有这样的传说,称亳州城地下是空的,有曹操的运兵道,但一直没有实证。直到1938年抗战时期,为躲避日寇轰炸,亳州城里群众纷纷开挖防空洞,亳州古地道才被发现。古地道以亳州古城为中心,向四面延伸,通达亳州城外,被称为"地下长城"。运兵道里办公室、指挥室一应俱全,狭窄的通道里会不时出现各种机关,必须蛇形鹤伏才能顺利通过。这让人不得不感叹,擅长地道战的基因几千年前就流淌在中国人的血液中了。

曹操不仅能在战场运筹帷幄,写诗也是一把好手,"对酒当歌,人生几何""何以解忧,唯有杜康""老骥伏枥,志在千里"流传千古,还开创了建安文学的时代,真是"可盐可甜"、能文能武的"反差萌"鼻祖了。

大家都知道，曹操有头痛的病症，神医华佗曾用针灸的方式为曹操医治头痛。根据华佗的判断，曹操的病症只能缓解，无法根治，华佗建议采用外科手术的办法，先用麻沸散麻醉，之后把曹操的脑袋砍开，取出风涎，方可除根。无奈多疑到"宁教我负天下人，不教天下人负我"的曹操不同意手术，反而斩杀了华佗。

其实华佗是曹操的同乡，也是亳州人。据传华佗开辟第一块"药圃"（种草药的园地）便是在亳州。勤劳智慧的亳州人依着华佗的灵气，靠土地的肥沃，一直种植、经营中药材，经久不衰。华佗不但善于中医治疗，还擅长外科手术和科研，用现在的流行说法，就是当时的"六边形"医生。前文提到的麻醉药"麻沸散"传说就是华佗发明的，他还特别提倡养生之道，曾对弟子吴普说："人体欲得劳动，但不当使极耳，动摇则俗气得消，血脉流通，病不得生，户枢不朽也。"为了让当时的百姓能够强身健体，华佗发明了一个特别有意思的运动，叫作"五禽戏"，是从虎、鹿、熊、猿、鸟这五种动物身上找到的灵感。在 2022 年的北京冬奥会上，中医药体验馆中的五禽戏环节吸引很多外国运动员前来打卡，连国际奥林匹克委员会主席托巴赫先生也无法抗拒这神秘的东方力量，跟着屏幕来了一套虎虎生威的虎戏。

流传两千多年的五禽戏如今已被命名为第三批国家级非物质文化遗产项目。我们很多朋友不仅是"每逢佳节胖三斤",平日里久坐不运动也是日进斗"斤",如果跳《本草纲目》太累,不妨考虑一下"五禽戏"吧。

最后要考考你:上文我们说到我国有四大"药都",你知道除了安徽亳州还有哪几个城市吗?

答案是:江西樟树、河北安国和河南禹州。

睢 宁

——张良的"开挂人生"从这里起步

我写下"睢宁"这个地名时,央视频的小编抢答说这个地名读"jū"宁。粗心的小编显然是"雎"和"睢"两个字傻傻分不清了。

睢宁读作"Suī níng",它坐落在江苏省徐州市。古代有泗水和睢水横贯全境,睢宁的名字,正是寓意"睢水安宁"。

睢水在历史上十分有名,《汉书》记载,项羽曾经与刘邦的汉军在睢水激战,结果汉军大败,尸体落入睢水,睢水都被堵塞得不能流通了。

与睢水有关的地名,还有河南省商丘市的睢县,在《现代汉语词典》(第7版)中,"睢"字的解释便是:"睢县,地名,在河南。"河南确实和"睢"字很有缘,王勃在《滕王阁序》中写下"睢园绿竹,气凌彭泽之樽;邺水朱华,光照临川之笔"。其中的睢园,就是汉景帝的亲弟弟、窦太后宠爱的小儿子、平定七国之乱有功的梁王刘武修建的一座园林,名叫"梁园",又名"睢园",就在现在的商丘市梁园区。

正因为一条睢水贯穿,睢宁成为古黄河文明、两汉文明的发源地之一。在这里,留下了太多动人的历史故事。

比如我们熟悉的圯(yí)桥进履,就发生在这里。司马迁在《史记·留侯世家》中记载:张良长相俊美,如同女人一样漂亮。年轻的张良经常在圯桥上闲逛,有一天,他遇到一个穿着粗布衣裳的老翁,老翁"碰瓷"似的把鞋甩到桥下,让张良下去捡,张良满脸困惑,但看老翁年迈,便下桥捡了鞋。结果老人变本加厉,让张良帮他穿上,好青年张良跪着替他穿上了鞋。后来,又经过几番试探,老人终于确定张良是可重用之才,便赠予张良一本书。张良打开后发现是奇书《太公兵法》。就这样,美男子张良得到黄石老人赠书,捡了装备,为后续辅助刘邦建立汉朝打下了基础。

三国时期的睢宁县叫睢陵县,属于下邳郡。刘备曾经在这里屯兵,曹操在这里擒住吕布,孙权在这里出生。因此,在睢宁流传着"一部三国史,半部在下邳"的美谈。

故事不过瘾?咱们再来看看3D"文物"!汉画像石是汉

代人雕刻在墓室、祠堂四壁的装饰石刻壁画。它们记录了很多汉代人的生活方式。

汉代画像石《牛耕图》出土于睢宁，现藏于中国国家博物馆。画像中是一个农夫正扶犁大步跟着耕牛犁地，犁头尖尖，由两头肥壮的牛拉着。这种二牛抬杠的先进犁耕方式，在东汉时期特别流行。1975年，睢宁县姚集镇刘楼东汉墓出土的铜牛灯现藏于南京博物馆。灯的造型是一头水牛，铜牛灯的两角做成圆筒形的烟道，与顶盖相连。当灯盘中的油脂被点燃时，热空气上升带动烟尘可以从顶盖进入烟道，再从牛角制成的烟道进入空心的牛腹中。牛腹注水，靠水过滤烟尘以保持室内清洁，减轻室内空气污染，堪称两千年前的环保灯。**我真想称赞一句，古人的智慧真牛！**

睢宁还是全国著名的"儿童画之乡"。近四十年间，有近两万幅儿童画被选送到美国、英国、法国、德国、日本等七十多个国家和地区，有四幅作品被长期陈列在联合国大厦里。

"睢"字除了是地名，还是一个姓氏，你认识"睢"姓的朋友吗？

氹 仔

——它是澳门的一个靓仔

"你可知 Macau（葡萄牙语）不是我真姓……"这段熟悉的旋律来自庆祝澳门回归祖国的主题曲——《七子之歌·澳门》。聊及澳门，就要"嚼一嚼"澳门的一个岛名：氹（dàng）仔岛。

"氹"字和"凼"字含义相同，指水坑。氹仔岛东部是大潭山，西部为小潭山，中部是平地，地形特征与"氹"或"凼"字的构造也很相仿。

2019年，澳门回归祖国二十周年，我出差去过澳门，最直观的感受是寸土寸金，有高楼林立，也有烟火气息。

在庆祝澳门回归祖国二十周年大会暨澳门特别行政区第五届政府就职典礼上，习近平主席发表了重要讲话。他说："在过去的二十年里,澳门'在小桌面上唱出了精彩大戏',向世人展现了一个小而富、小而劲、小而康、小而美的崭新澳门,一个让澳门同胞和全国人民深感自豪的澳门。"

我曾在《主播说联播》中说澳门是中国之"傲"门,如今,如果你问我氹仔是什么样的仔,我想引用网友的话——氹仔是澳门的一个"靓仔"。

"氹仔"还有"龙环"和"龙头环"等别名,这样看来,"氹"字左边的"乙",是不是有点儿像一艘龙舟呢?

"龙环葡韵"是著名的"澳门八景"之一。所谓"葡韵",是指龙环留存下来的葡萄牙风韵。这里的住宅、教堂、公园都是葡式建筑,其中有五座绿色墙面的漂亮的小型建筑已被改建为博物馆,成为澳门重要的文物建筑与文化遗产,被称为澳门最具特色的"住宅式博物馆"。

澳门第一个现代大学——澳门大学,前身是由黄景强、胡百熙和吴毓璘三位爱国人士于1981年创办的东亚大学。它的旧址就坐落在氹仔岛。就像我们跟随5元人民币画面上的风景游五岳独尊的泰山、跟随20元人民币画面上的风景游桂林山水一样,很多到澳门旅行的朋友,可能会跟着澳门币畅游氹仔。在20元澳门币上,有澳门国际机场的图案,澳门国际机场是全球第二个、中国第一个完全由填海造陆而建成的机场。

而 50 元澳门币的图案呈现的,是澳门第三条连接澳门半岛和氹仔岛的跨海大桥——西湾大桥。这座大桥的塔柱采用了世界首创的"M"型,正是澳门的葡萄牙语名称 Macau 的首字母,非常壮观。

如果你和我一样是一个美食爱好者,千万别错过氹仔旧城区的官也街。在这里,你可以品尝到水蟹粥、猪扒包等地道的澳门风味。

想象一下与澳门"靓仔"共游的体验,是不是心情都"靓"起来了呢?

小康在"小澳门"聊"大世界"

番外篇

——说说这些不会读错的城市

我们"咬文嚼字"小课堂的画风要变一下,给大家讲几个绝对不会读错的地名。可是,这几个城市有意思的地方你未必全都知道。

先说嘉兴。嘉兴,最早名檇(zuì)李,是当地特有的一种很美味的水果。三国的时候,这里长出了青青野禾。吴国国君孙权就把这里改名为"禾兴",他的儿子孙和被立为太子之后,为了避讳,又把"禾兴"改为"嘉兴"。这两个字都非常好。《说文解字》这样解释:"嘉,美也。从壴(zhù),加声。"可见"嘉"有美好、赞美、吉庆之意。"兴"有升起、奋发、产生之意。嘉兴不仅是水果兴,禾兴,最重要的是人兴。说起嘉兴的名人,能列出一个好长好长的名单:王国维、李叔同、茅盾、巴金、丰子恺、朱生豪、张乐平、木心、沈钧儒、陈省身、蒋百里，蒋百里还有个内侄叫查良镛，他的笔名大家更熟悉——金庸。金庸有个表哥叫徐志摩，有个表弟叫穆旦，都是现代文学史上著名的诗人。你看，嘉兴真的是人杰地灵。

当然，今天提到嘉兴，我们马上能想起来的，也是最让中国人骄傲的，还是南湖红船起航的地方。红船起航，承载着民族复兴的希望，驶进波澜壮阔的历史长河，自此，"五千年的中国就改变了方向"。在这条前进的道路中，有牺牲，也有英勇的抗争。

接下来我们再去南昌看一看，这里是军旗升起来的地方。这个地名可以追溯到西汉时，汉代的开国功臣灌婴在吴楚之间修建了一座新城，人们称它为灌城。后来取"昌大南疆"之意，定名为"南昌"。

说到南昌城，肯定离不开一个人和一篇千古奇文——王勃的《滕王阁序》。自从唐朝初建，一千多年来，滕王阁遭遇过很多次天灾人祸，修了又毁，毁了又修，共修了二十多次。这么执着一座楼，其实原因很简单，谁都舍不得背诵着绝美的《滕王阁序》，却再找不到滕王阁。但如果只知道滕王阁，南昌人一定会觉得你对南昌太不了解了。南昌还有一位名人，汪大渊，他的一次远游和一本书，让南昌在中国乃至世界古代史上获得了一席之地。1330年，汪大渊来了一次说走就走的旅行，后来的西方学者把汪大渊称为东方的马可·波罗。当西班牙人还以为海洋尽头有魔鬼守候时，汪大渊早已九死一生地在茫茫大海上跑了两个来回，他乘风破浪到澳大利亚差不多二百年后，欧洲人才惊呼：哇，这里有新大陆。

在《岛夷志略》中，汪大渊记录下了他亲自游历过的220个国家和地区，把这些地名一一标注到地图上，他的足迹几乎遍布了半个地球。这是一位伟大的南昌人，伟大的中国人。

南昌最伟大的时刻，是1927年8月1日，为了心中那个可爱的中国，勇敢的共产党人在这里打响了武装反抗国民党反动统治的第一枪，中国革命走上了万水千山的漫漫征程。

前进的道路总有迷茫，也有跌倒，但更有跌倒之后的成长。

"饮赤水河挡酒，展娄山关舒卷。"读完这两句诗，是不是感到扑面而来的豪迈之气？坐拥这片山川的，是我们都很熟悉的一座城市：遵义。

遵义的名字出现在唐朝，取自《尚书》"无偏无陂，遵王之义"，也就是遵道行义的意思。

唐朝时，将隋朝的郎州改名为播州。播种什么呢？最高端的无疑是文化。在这项艰巨的工程中，太原人杨端和他的后人起到了非常关键的作用。他们与当地夷人融合，把中原文化的种子播撒在这片蛮荒之地，开创了一片世外桃源。遵义山高路险，当年蒙古大军横扫欧亚，所向披靡，但是到了杨家驻守的海龙屯，也只能望山兴叹，如今，这里已成为世界文化遗产。

当然，今天我们提到遵义，记忆中最著名的事件还是中国革命历史上生死攸关的转折点的会议。遵义是以中国革命生死攸关的转折永载史册的，因此，遵义也被称为"转折之城，会议之都"。

遵义也把"人间烟火"充溢在每个爱生活的人心间。前进的道路，只要不断求索、奋争，总会有凯歌奏响。

接下来，我想说说我的家乡，河北省石家庄。"新中国从这里走来"，没错，说的是石家庄平山县的一个小村庄——西柏坡。提到石家庄，可能很多人都会说，这是个火车拉来的年轻城市。是的，石家庄是因为铁路发展起来的。但是，石家庄也有不少的冷知识。作为地道的庄里人，我也是最近才知道。我的祖先原来不是燕赵人，而是来自一个神秘国度的游牧民族。春秋战国时期，这片土地属于一个名叫中山的神秘国度。它的创建者是来自西北高原的白狄鲜虞人。在风云争霸的战国时代，这个方圆不到五百里的千乘之国，是一个不折不扣的狠角色。

它三起三灭，南败强赵，北杀燕将，一度与战国七雄并驾齐驱，所以，也被称为"战国八雄"之一。在革命战争年代，这里更是一次次唱响了慷慨壮歌，"人民子弟兵"的称呼就是从这里叫响的。

最宏壮最喜悦的歌声当然是"进京赶考"了。1949年3月23日，中共中央从西柏坡出发，踏上了一条漫长而又艰辛的"赶考之路"。浪奔浪涌，"赶考"永无止境。今天我们仍在路上，这条路，连接着我们的初心，也通往更美好、更幸福的未来。

说到路，我又想到在今天的安徽合肥，有一条延乔路。如果你看过《觉醒年代》这部剧，就会知道，它是为了纪念陈延年、陈乔年这两位烈士而命名的。而与这条路并行的是集贤路，陈延年和陈乔年的父亲陈独秀就葬在安庆集贤关。延乔路短，集贤路长，它们没能会合，却都通往了繁华大道！

就像有句话说的，这盛世繁华，如您所愿。

02

节日篇

元 宵

——小康出个灯谜给你猜

我给大家出个灯谜:"腹内香甜如蜜,心中花红柳绿,白沙滩上打滚,清水河中沐浴。——打一种食品。"太好猜了,对不对?这就是元宵节一定要吃的传统小吃——元宵。

先说一下"宵"这个字,在《现代汉语词典》(第7版)当中,"宵"的释义是"夜",比如"通宵达旦"。在夜里吃的酒食、点心,叫作"夜宵",也叫作"消夜",不过这两个字前后位置不同,使用的"xiāo"字也不同,记得不要写错哦。

据说两千多年前,西汉的时候就已经有元宵节了。古时候人们把夜称为"宵",而正月是元月,正月十五这一天晚上是一年当中的第一个月圆之夜,所以这一天被称作元宵节,也叫上元节、小正月、元夕或者灯节,等等。按照我们中国的传统,元宵节这一天，在第一个月圆之夜，皓月当空，要阖家团圆，赏月燃灯猜灯谜。

相传北宋文学家王安石二十岁时赴京赶考，元宵节这一天他边走边赏灯，见到一个大户人家门外高悬着走马灯，灯下悬着对联的上联："走马灯，灯走马，灯熄马停步。"对得出下联的人可以被招为快婿。王安石一时对答不出，心中记挂着到了京城。考试时，主考官以随风飘动的飞虎旗出上联要求对下联："飞虎旗，旗飞虎，旗卷虎藏身。"王安石当即就以来京路上看到的招亲联应对，考试中了进士。春风得意的归途又路过那户人家，得知上联仍然无人对出，他便以主考官的出联回对，娶得千金。一副对联，成就两桩喜事。

元宵节，当然也和美食相关。因为做法、馅儿料、吃法等的不同，所以在这一天，北方会"滚"元宵，南方会"包"汤圆。但不管吃元宵还是吃汤圆，都象征着家庭像月圆一样团圆，都寄托了我们对生活美好的向往和期盼。

就像南方北方吃粽子、吃月饼都会有甜咸之争一样，元宵和汤圆也有甜咸之争。甜馅儿中经典的有黑芝麻的、豆沙的，咸馅儿有鲜肉的、腊肠冬菇的，等等。我吃过鲜肉汤圆，真的很好吃。还听说有朋友挑战过一些很奇特的馅儿，比如猕猴桃馅儿、酸奶馅儿，居然还有韭菜鸡蛋馅儿的。我说韭菜鸡蛋你好好在饺子馅儿界待着行不行,为什么非要跑到元宵馅儿界和汤圆馅儿界来混呢?但不管是什么馅儿我们在元宵节都希望能够吃出团团圆圆和和美美的味道,对不对?

元宵节吃夜宵,吃过夜宵,我再出一个灯谜给大家猜,谜面很短,只有两个字,"仙乐",打一个四字成语。

谜底其实也是对你们的美好祝福——"不同凡响"。希望大家都能像这个谜底一样,不同凡响。

清 明

——中国人的乡愁，刻在了 DNA 里

元宵节过后，到了农历三月初五，就是清明节了。

清明节又称踏青节、行清节、三月节、祭祖节等，它和春节、端午节、中秋节并称为我国的"四大传统节日"；又和除夕、重阳节、中元节并称为"四大传统祭祖节日"，2006 年被列入了第一批国家级非物质文化遗产名录。

在二十四个节气中，"清明"也是唯一一个演变成节日的节气，它究竟是如何在一众节气中"逆袭"、突围成功的？今天就听我来给大家"咬文嚼字"一下。

清明节的得名源于中国农历二十四节气中的清明节气，按《岁时百问》的说法是："万物生长此时，皆清洁而明净。故谓之清明。"

西汉《淮南子·天文训》中也有记载:"春分后十五日,斗指乙,则清明风至。"意思是:春分后十五天,北斗星的斗柄指向天干中的乙,也就是朝东南移动,清明的东南风开始吹来了。

冬天已去,春意盎然,天朗气清,用"清明"来称呼这个时期,是再恰当不过的。清明一到,气温升高,正是春耕的大好时节,所以民间还有"清明前后,种瓜点豆"的谚语。

作为二十四节气之一的清明后来又是如何被赋予了纪念祖先的含义呢?这还得再提到一个节日——寒食节。

寒食节也是一个有故事的节日。关于它的起源,流传最广的是为了纪念春秋时期晋国的名臣义士介子推。

晋国国君晋献公有五个儿子,他们为了国君之位纷争不已。其中一个儿子重耳不想陷于复杂的局势中,便踏上流亡之路。介子推义无反顾地追随重耳,甚至在重耳断粮时割下自己的肉做成肉汤,救下奄奄一息的重耳。十九年后,重耳回到晋国,当上国君,史称晋文公。介子推使命已经完成,带着年迈的母亲回到家乡,归隐山林。

晋文公对当初流亡时追随自己的人一一封赏,却唯独忘了曾经"割肉奉君"的介子推。待他终于想起介子推后,便几次邀他出山回宫,可是介子推闭门谢客,最后竟背上老母亲躲进深山中。晋文公命人搜山无果，便放火烧山，他想介子推是孝子，一定不忍心让母亲受伤，会从留给他的一条小路出来。可是大火连烧三天三夜，介子推始终没有出现。火熄后，晋文公发现介子推和母亲二人已经抱树而亡，他追悔莫及，哀伤地下令，五月五日这一天不得生火做饭，只能吃冷食，以缅怀介子推这位刚烈的忠臣。这一天也就成了后来的寒食节。

有唐代诗人卢象的《寒食》诗为证："子推言避世，山火遂焚身。四海同寒食，千秋为一人。"

寒食节传承两千余年，曾被称为"民间第一大祭日"。后来因为寒食和清明日期接近，民间就渐渐将两者的习俗融合。到了隋唐年间，清明节和寒食节融合为同一个节日，所以就有了今天的"清明节"。

说到清明节，总是绕不开那一缕乡愁，这和我们华夏儿女深深印刻在DNA里的"寻根文化"分不开。这份愁思里，传承着家族、姓氏、血脉中流淌着的不变的基因。

古往今来的文人骚客，在清明时节也多寄情于诗词。

南宋诗人陆游，在清明前夕奉诏来到临安，念及家乡，想到能在清明之日骑马赶回，心中的落寞才消解几分，写下了那首著名的《临安春雨初霁》："素衣莫起风尘叹，犹及清明可到家。"

明代诗人高启，节逢清明却不能回籍，思念中写下《清明呈馆中诸公》："白下有山皆绕郭，清明无客不思家。"

当然，在这些诗句中最有名的还是那首家喻户晓的《清明》："清明时节雨纷纷，路上行人欲断魂。借问酒家何处有，牧童遥指杏花村。"清明时节，本是全家人扫墓的日子，独身在外赶路的人却恰逢春雨，无处可藏，心中更添一分愁苦。"欲断魂"三字，将这份愁苦展现得淋漓尽致。询问附近哪里有小酒馆可以歇脚避雨，放牧的孩子伸手指向了远处的杏花村……寥寥几句，一幅清明烟雨图就跃然心中了！

这首诗的作者是唐代著名诗人杜牧，继诗圣杜甫"大杜"后，被后人称为"小杜"，关于他的逸事趣闻也有不少。

杜牧出生于诗书之家，祖父是大名鼎鼎的杜佑，不仅官至宰相，还是位博古通今的大学者，杜牧从小就饱读诗书，才华横溢。早在参加科举考试之前，二十三岁的杜牧就以一篇《阿房宫赋》享誉京都，当时的太学博士吴武陵看了文章后击掌称好，直接登门向科举主考官崔郾推荐。因为唐代科举有"公荐"取士的制度，崔郾听了吴武陵的举荐后也称赞不已，最后让杜牧顺利考上了第五名进士，就有了"崔郾力荐"的佳话。

后来，新科进士杜牧与好友到曲江游玩，偶遇一位老僧，两人相谈甚欢。老僧问杜牧叫什么名字，当时的杜牧自认已经名满天下，但眼前这位高僧却不认识自己，被泼了一盆冷水的他当场写了一首七绝："北阙南山是故乡，两枝仙桂一时芳。休公都不知名姓，始觉禅门气味长。"意思是说，像自己名气这么大的人，高僧却没听过，可见这是一个真正的世外高人，这庙里的禅气也确实没有被世俗之气所污。前两句的自夸和后两句的自省形成鲜明对比，纵是天之骄子又如何？

还值得一提的是，在古代，清明也是"法定节假日"哦！

它从唐朝开始被正式列入"五礼"；唐玄宗时，寒食和清明节一起放四天假；到了唐德宗，假期延长到了七天，唐代官员都需要回乡扫墓祭祀。

古人除了慎终追远、缅怀先人，在这个"黄金周"假期还会做什么呢？告诉大家，他们可比我们想象中的有趣多了！清明时节，春光明媚，莺飞草长，假期当然要亲近自然、踏青觅春。插柳、射柳、牵钩（即拔河）、放风筝、荡秋千、植树、蹴鞠、斗鸡，还会吃青团、麦糕、馓子……

这里我得重点跟大家说说清明节最受欢迎的美食之一——馓子。"馓"读作"sǎn"，第三声。

馓子有着悠久的历史。李时珍在《本草纲目》中就这样描述："寒具即食馓也，以糯粉和面，入少盐，牵索纽捻成环钏形……入口即碎脆如凌雪"，所以在古代它被叫作"寒具"。

清明节吃馓子的习俗主要是源自寒食节，因为不能生火，人们只能吃生冷的食物，馓子经过油炸后，能够储存不变质，保持酥脆，携带、收藏都方便，很快在美食界有了一席之地，一直流传至今。

从庄重肃穆的祭扫，到畅快愉悦的踏青、品美食，可以说，生死悲欢在清明节这一天得以统一了。清明节蕴含着我们对生死的辩证思考，是一种情感寄托，也是一种人生宽慰。而清明节所代表的这种中国人独有的情感，也以生生不息的力量延绵千年。

随着科技发展，低碳绿色生活方式的盛行，人们还为清明节融入了更多时代元素。像近几年兴起的网上祭祀，就是借助互联网跨越时空的特性，让"云祭扫"成为一种新常态。民政部门、殡葬服务机构，都开通了网络祭扫平台，人们可以在网上献花、留言来寄托哀思……

科技改变生活，但精神传承永远不变。相信不管祭扫形式如何变化，刻在中国人骨子里的这份情怀将永远流传下去。

端　午

——一个读不错但别称很多的节日

农历五月初五是端午节。好像现在过端午节,我们彼此的问候就剩下"你吃粽子了吗",端午节有很多很多有意思的文化意蕴,都被我们忽略了。

端午节有很多别称,它又叫端阳节、重午节、龙舟节,还有夏节、浴兰节、天中节,等等。端午节已经有两千多年的历史了,它和春节、清明节、中秋节并称为四大传统节日,也是中国第一个入选了世界级非物质文化遗产的节日。

端午节到底起源于哪里,有很多说法。我们最熟悉的说法是为了纪念爱国诗人屈原,还有说它源自天象崇拜,是由上古时代吴越民族的图腾祭祀演化而来的,但不管什么样的起源说,都寄托了人们迎祥纳福的美好愿望。而对于我们后人来说,更加重要的就是对传统节日，对先人留下的宝贵的民族精神财富，要不断传承和发扬。

"端"的古体字是"耑"（duān）。《说文解字》中说："耑，物初生之题也。上象生形，下象其根也。"意思是"端"字是初始、初生的意思。上部像丛生的枝叶，下部像植物的根。"耑"就是发端、开端、顶端的意思。后来人们在这个字旁加了"立"字，这个字也就有了端正之意。

古人的"午"与"五"通用，端午就是初五。

"端午"这个词最早可以在晋代周处的《风土记》中找到。《风土记》是我国最早的介绍地方岁时节令和风土习俗的著作。书里有这么一句话："仲夏端午，烹鹜角黍。"仲夏端午这个季节，烹是煮，鹜指鸭子，角黍就是粽子。这句话其实是在形容煮粽子的时候，粽子一个一个下锅，就像鸭子一只一只入水一样。

端午节自古以来有很多习俗，流传到现在的还有吃粽子、挂艾草、赛龙舟，等等。我发现一个很有意思的现象，就是宋朝人特别喜欢过端午节。

陆游的《乙卯重五诗》当中有这样的描述："粽包分两髻，艾束著危冠。"粽子有两只角，艾草挂在高高的帽子上。

苏轼的《六幺令·天中节》当中有这样的句子："门前艾

蒲青翠，天淡纸鸢舞。"端午节这天还有放风筝的习俗。

欧阳修的《渔家傲·五月榴花妖艳烘》当中也说道："五月榴花妖艳烘，绿杨带雨垂垂重。五色新丝缠角粽。"人们用五彩丝线缠在多角的粽子上。

黄裳的《减字木兰花·竞渡》当中写道："欢声震地，惊退万人争战气。"把端午赛龙舟的紧张激烈场景写得非常生动。

这些诗词让我们觉得古代人过端午节比我们今天有声有色多了。

我们今天过端午节，更多的还是吃粽子。关于粽子的文字记载，比较早的还是《说文解字》，但不是汉代许慎写的正文中，而是五代到北宋时期的学者徐铉校订《说文解字》时增加的一个字："糉，芦叶裹米也。从米，㺇（zōng）声。""㺇"字是敛足的意思，也有缠束、包裹的意思，这一下就说明了粽子是怎么制作的。

粽子在古代的时候也叫作角黍、筒粽，都是从它的原料、形状等方面来命名的。今天粽子的原料和形状太五花八门了。所以每到端午节的时候，就像中秋节支持甜月饼和支持咸月饼的朋友总要争论一番一样，端午节甜粽派和咸粽派也要斗一斗。我是地道的北方人，所以小时候的记忆里，到端午节吃粽子没别的馅儿,就是江米小枣。其他馅儿的能叫粽子吗?所以你肯定觉得我是一个地地道道的甜粽派,实则不然。长大之后因为走过了更多的地方,特别是品尝到了南方不同地方的粽子之后,我现在是一个非常忠实的南派咸粽拥趸。特别想给大家推荐一下广西的绿豆粽,个头比一般的粽子都要大,把粽叶、绿豆的清香和鲜肉的鲜美,完美地结合在了一起。如果你还没有尝过的话,建议一定要尝一尝,保证不会让你失望。

我们说端午节在不同时期被赋予不同的节日内涵,今天我们有一个习俗跟古代一样,就是给小朋友挂香囊,让他们戴着五色丝线香囊出行。还有一个习俗就是全家一起包粽子,大家都从繁忙的工作当中暂时走出来,舒缓一下心神,享受一下时代给予我们的幸福和安康。

你是咸粽派还是甜粽派呢?喜欢吃什么馅儿的粽子呢?

小康品粽
先甜后咸

七 夕

——这一天也是晒书节

"银烛秋光冷画屏,轻罗小扇扑流萤。"看到这两句诗,是不是七夕的氛围感瞬间拉满了呢?我们的古诗词中有太多太多浪漫的情话,它们承载着属于我们中国人自己的浪漫,比如:

晓看天色暮看云,
行也思君,坐也思君。
————〔明〕唐寅

若似月轮终皎洁,
不辞冰雪为卿热。
————〔清〕纳兰性德

春日宴,绿酒一杯歌一遍。再拜陈三愿:一愿郎君千岁,二愿妾身常健,三愿如同梁上燕,岁岁长相见。

——〔五代〕冯延巳

得成比目何辞死,
愿作鸳鸯不羡仙。

——〔唐〕卢照邻

玲珑骰子安红豆,
入骨相思知不知?

——〔唐〕温庭筠

再说就有点儿"掉书袋"了。咱们说回"七夕"。"夕"在《说文解字》中指"莫(同暮)也。从月半见,凡夕之属皆从夕"。在甲骨文中"夕"和"月"是同一个字,都是月牙的形状,只是意义不同,"月"指月亮,"夕"则是夕阳西下、新月初升的时候,也就是傍晚,后来也被引申为夜晚。

"七夕今宵看碧霄,牵牛织女渡河桥。"七夕,正是农历七月初七,传说,牛郎和织女这一天晚上会在鹊桥相会。正像词人秦观写的那样："金风玉露一相逢，便胜却人间无数。"那么问题来了，传说中的"鹊桥"究竟有多长呢？据科学家观测，"牛郎"和"织女"是两颗比太阳还要大的恒星，它们之间相距大约16光年，也就是说，牛郎织女要每年都穿过将近160万亿千米的"鹊桥"才能见上一面，这可能就是宇宙级的"异地恋"吧。

如果说牛郎织女的故事是人们对爱情的向往，那么接下来这件文物可以说是来自国宝级的"狗粮"。在南京博物院，收藏着一对儿"长毋相忘"铭合符银带钩，它们其实是古代的腰带扣儿，在公历纪元开始前，被带入墓葬；又在公元后的2009年，被我们发现。它像兵符一样，自中间一分为二。两个半扇的内壁，分别以阴阳文刻有"长毋相忘"的动人情话，中国人的浪漫，就隐藏在这些细节里，在世间的长河中熠熠生辉。

当然，传统七夕节的内涵，也并非单纯与爱情有关。七夕起始于上古，普及于西汉，鼎盛于宋代。七夕也叫乞巧节、女儿节。东晋葛洪的《西京杂记》中记载，"汉彩女常以七月七日穿七孔针于开襟楼，人俱习之"，这种穿针的习俗后来慢慢演变为"浮针取巧"，女孩们会提前一天准备好一盆水放在院中，翌日水面会留有浮尘。然后，女孩们把针放进去，等太阳出来后观察针的投影。这些都是古代女子乞巧的活动。

也有民间传说称，七月七日是魁星的生日，想求取功名的读书人会在七夕这天拜祭，祈求自己考运亨通。《世说新语》中记载，七月初七东晋名士郝隆谷中仰卧，意在晒书，这一天又被称为"晒书节"。

到了宋朝，七夕节更加隆重，出现了"乞巧市"，这应该是宋代的"购物节"吧！《东京梦华录》记载，国际大都市东京汴梁城"七夕前三五日，车马盈市，罗绮满街"。当然，"乞巧市"少不了七夕特色美食，其中"以油面糖蜜造为笑厣儿，谓之'果实花样'，奇巧百端，如捺香方胜之类。若买一斤，数内有一对被介胄者，如门神之像，盖自来风流，不知其从，谓之'果食将军'"。

以上，就是有关七夕节的一些"冷知识"，再提起这个节日，我想大家除了中国情人节这个话题外，也可以聊一聊乞巧、晒书和购物了。

希望大家无论是在七夕还是日常的每一天，都不要忘了大胆地去爱和被爱，更不要忘了好好爱自己。愿大家勇敢爱。

中　秋

——来自小康的月饼测评

小时候有一首歌里就这么唱:"八月十五月儿圆,中秋月饼香又甜。"现在的月饼味道太多了,不仅仅是香甜这么简单,口味多到尝不过来。

我曾经吃过榴梿馅儿的月饼,真的要鼓足勇气才能下口,可是爱榴梿的人又爱到极致。关于榴梿还有个小故事,你知道这个名字怎么来的吗?相传是明朝的时候,郑和下西洋,他第一次尝到了这种产自东南亚的水果,觉得太好吃了,一下子就爱上了。所以有人问这个当地叫"赌尔焉"(马来语 duri)的水果要如何用中文称呼时,郑和就把它命名为"流连",后来传着传着就成了约定俗成的"榴梿"。这个郑和命名榴梿的传说是否真实已经不可考了,但有本书《瀛涯胜览》,是曾经随郑和一同下西洋的马欢写的,这本书里确实翔实地描述了榴梿的样子和味道:"有一等臭果,番名'赌尔焉',如中国水鸡头样,长八九寸,皮生尖刺,熟则五六瓣裂开,若臭牛肉之臭,内有栗子大酥白肉十四五块,甚甜美好吃,中有子可炒吃,其味如栗。"让郑和留恋的榴梿馅儿月饼你喜欢吗?我吃了一口,虽然够不上让我留恋,但是喜欢它的人一定会觉得味道好极了。

往往越是平平无奇的事物越会另有玄机,我还尝过一种看起来平平无奇的月饼,居然是香辣鸭脖馅儿的。这让我脑洞大开,以后会不会在中秋节吃到水煮鱼馅儿的、烧干笋馅儿的、红烧肉馅儿的月饼?如果真有的话,你想不想尝一尝呢?

还有一款月饼,我们一看到就会有一种非常亲切的感觉,它就是这些年备受"冤枉"的五仁月饼。其实五仁月饼是我非常喜欢的传统月饼。因为在我这个年龄的人的记忆当中,五仁就应该是月饼当仁不让的味道。我们小的时候买到的月饼,大多是用纸包装,月饼的油都会从纸里透出来。不像现在月饼的包装有很多,很精致。其实五仁馅儿里有砂糖,有各种果仁,混在一起是一种特别特别香甜的味道,这就是小时候月饼的味道。

月饼最初的名字不叫月饼,那叫什么呢,我们查了一些史料,发现月饼的历史真的太久远了,有关月饼来源的说法也不下七八种。一种追溯到最久远的说法是:早在商周时期,在江浙一带就有一种纪念太师闻仲的太师饼，这种饼是边薄心厚，据说就是月饼的始祖。

因为传说的版本多，月饼也就有了很多别名，比如胡饼、宫饼、团圆饼，等等，那么现在约定俗成的"月饼"的名称，到底是从什么时候开始的呢？这也有很多很多的版本，其中流传最广的就是杨贵妃赏月命名月饼的故事。话说有一年的中秋夜，唐玄宗和杨贵妃边赏月边吃胡饼。皇上觉得"胡饼"好吃但名字不好听，杨贵妃顺口说了一句"月饼"，玄宗觉得这个名字起得好，很符合中秋之夜的意境。于是"月饼"这个名称就流传开来了。

到北宋时，中秋节正式与"团圆"的含义勾连起来。明代时，有了中秋节吃月饼的确切记载。明代文学家田汝成在《西湖游览志余》中写道："八月十五谓之中秋，民间以月饼相遗，取团圆之义。"

如果中秋节和国庆节在同一天，一天过双节，好事成双对。这两个节日碰到同一天的情况并不多见。你知道从中华人民共和国成立以来，一共出现过几次国庆和中秋在同一天的情况吗？

答案是四次，分别是1953年、1982年、2001年和2020年。下一次双节同天再出现，就要等到2039年了。

重 阳

——记得给家里的"老宝贝"打电话

农历九月初九是重阳节。说到重阳,大家常会吟诵起王维的千古名句:"独在异乡为异客,每逢佳节倍思亲。"重阳佳节总让我们加倍思念家中的老人,寄托着我们对老人健康长寿的祝福。这一天,即便我们由于求学和工作在外不能回家,也别忘了拿起电话,给家里的"老宝贝"们送上重阳的祝福。

重阳节还有很多别称:重九节、老人节、菊花节、登高节、茱萸节、女儿节等。它和除夕、清明节、中元节并称为中国四大传统祭祖节日。

重阳节起源于哪里呢?最为熟悉的说法是源自《易经》。《易经》中以"九"为阳数,九月初九,二九相逢,二阳相重,是光明、幸福、吉祥的象征;加之古人的"谐音梗"玩得比现代人更好,"九九"与"久久"谐音,是长久、长寿的象征。两个意义相加,再加上正逢秋季丰收季节,更有庆祝的喜庆意义。

古人过重阳节比今天更有仪式感。"酒能祛百虑,菊解制颓龄""有花无酒自感慨,闲居山村思人生"的愁绪是陶渊明的重阳;而杜牧的重阳就比陶渊明快乐多了:"江涵秋影雁初飞,与客携壶上翠微。"置酒会友,好不快哉;田园诗人孟浩然更是今年重阳日,不忘与三五好友相约来年重阳再赏菊,"待到重阳日,还来就菊花"。

重阳的仪式感除了赏菊、登高、插茱萸,当然少不了美食。"橙香蟹肥家酿熟",如果世上有什么事情是一顿饭无法解决的,那就两顿。金秋时节,唯大闸蟹与重阳糕不可辜负。汉代历史笔记小说集《西京杂记》中说:"九月九日,佩茱萸,食蓬饵,饮菊花酒,令人长寿。"这里的"食蓬饵"便是指吃重阳糕,"糕"与"高"同音,也表达了古人对未来生活步步皆高的美好向往。

秋高气爽,正是辞青登高的好时节,也是一年丰收季。金秋十月,颗粒归仓。在这稻浪飘香时,我又想起一心为百姓筑牢大国粮仓的国之栋梁、享誉世界的"杂交水稻之父""共和国勋章"获得者——袁隆平院士。袁隆平老人一生将初心化作种子,向世界播撒芬芳。他一生致力于杂交水稻技术的研究、应用与推广，将中国人的饭碗牢牢端在自己手里。袁隆平院士曾说："活到老，工作到老，只要身体好，脑瓜子不糊涂，不痴呆，有精力工作，我就不退休。"这位原本只想八十岁就告老还乡、拥有最"硬核"科研精神的科学家，临近90岁时，仍每天去试验田"打卡"。他把一生浸润在稻田间，将功勋书写在大地上。

"莫道桑榆晚，为霞尚满天。"在中国这片沸腾的热土上，仍有许多像袁老一样不忘初心、一生奉献的"银发一族"。尊老、敬老、爱老是中华民族的传统美德，今天的重阳节也被赋予了更多新的含义。

习近平总书记曾多次就"尊老"这一主题发表重要讲话，在给澳门街坊总会颐骏中心长者义工组三十位老人的回信中勉励道："坚持老有所为、继续发光发热。"

愿每位"老宝贝"都能像陆游一样"老去身犹健，秋来日自长"。

最后，想问问大家，你还知道哪些有硬核精神的"银发一族"呢？你身边的亲人有没有让你觉得最青春硬核的时刻？

阅

——世界读书日的诗意与巧合

世界读书日——一个让我们感觉空气里都弥漫着浓浓书香的日子,关于它的来历,有两种说法,一种充满着诗意,一种充满着巧合。

先说诗意的:这是一个美丽的传说。相传,在西班牙加泰罗尼亚地区有一位美丽的公主被恶龙困于深山,勇士乔治只身斗恶龙,最终战胜了恶龙,解救了公主;公主为表达感谢就回赠了乔治一本书。从这以后,书就成了胆识和力量的象征。据说,乔治去世于4月23日。4月23日也就成了"圣乔治节"。在节日期间,当地居民会向亲友互赠玫瑰和图书,这一天又被称为"玫瑰花与图书日"。

而巧合的是:1616年4月23日,是塞万提斯和莎士比亚这两位著名文学大师的辞世日。莎士比亚辞世这天也是他最后一个生日的当天。所以,这一天成为世界读书日看来"名正言顺"。1995年,联合国教科文组织正式确定每年4月23日为"世界读书日"。

欧阳修曾说:"立身以立学为先,立学以读书为本。"我们也都相互鼓励把阅读当作一种习惯,在阅读中丰盈自己的内心,与美好相遇,寻找自己的"诗和远方"。毕竟阅读本来就是一件重要且快乐的事情,因此很多人愿意将"阅读"称为"悦读"。

说到这儿,可能读者朋友已经猜到我要说的这个字了,没错——"阅"。这可是一个很有意思的字。

《说文解字》中这样解释:"阅,具数于门中也。从门,说省(xǐng)声。"就是在门内清点东西。这就是"阅"最初的意思。在《现代汉语词典》(第7版)中,"阅"有看文字,检阅,经历、经过的意思,由此延伸出"查阅""阅历""阅读"等词。

生活中大家用得比较多的还是"阅读"这个词。古人就很重视阅读,唐代颜真卿在《劝学》一诗中说:"黑发不知勤学早,白首方悔读书迟。"宋代苏轼也在《和董传(chuán)留别》中说道:"粗缯(zēng)大布裹生涯,腹有诗书气自华。"

我印象最深的还是王国维先生在《人间词话》中说的"古今之成大事业、大学问者,必经过三种之境界",更能体现阅读带给我们的价值。他概括的第一种境界是"昨夜西风凋碧树,独上高楼,望尽天涯路",把眼光放得长远,立定目标;第二种境界"衣带渐宽终不悔,为伊消得人憔悴"是一种不断去追求探索,努力实现目标的过程;而第三种境界"众里寻他千百度,蓦然回首,那人却在,灯火阑珊处"则是一种读书百遍,其义自见的水到渠成、瓜熟蒂落的成功。

一直以来,我们都在提倡多读书,读好书。正如世界读书日的主旨宣言说的:"希望散居在全球各地的人们,无论你是年老还是年轻,无论你是贫穷还是富有,无论你是患病还是健康,都能享受阅读带来的乐趣,都能尊重和感谢为人类文明做出巨大贡献的文学、文化、科学思想大师们,都能保护知识产权。"也希望我们大家都热爱读书,好好读书,并充分地尊重和保护知识产权。

有人说,现在阅读太方便了,我们有一个小小的电子阅读器,就可以有汗牛充栋的书在里面;也有人说,虽然现在电子阅读很方便,但我还是更喜欢翻开纸质书,纸质书里有一种特别的"书香"。你更喜欢哪种阅读方式呢?

纸质书和电子书,
小康更爱哪个?

劳

——这个字跟所有"打工人"都有关

每年的五月一日是国际劳动节,全球有八十多个国家都在这一天向每一位普通劳动者致敬。

你知道五一劳动节是怎么来的吗?19世纪,美国和欧洲的许多国家,逐步由资本主义发展到帝国主义阶段,为了维持资本主义机器的高速运转,榨取工人们更高的剩余价值,资本家不断采取增加劳动时间和劳动强度的办法来残酷地剥削工人。美国的工人们每天要劳动14至16个小时,有的甚至长达18个小时,却得不到与工作时长相匹配的报酬。于是在1877年,美国工人们团结起来组织了一场大罢工,在街头游行示威,要求实行8小时工作制。经过艰苦的流血斗争,这场工人运动终于获得了胜利。为纪念这次伟大的工人运动,在1889年7月,恩格斯在法国巴黎组织召开了国际社会主义者代表大会，宣布将每年的五月一日定为国际劳动节。

说起"劳"这个字，它在《说文解字》中的释义是："剧也。从力，荧省。荧，火烧冂（jiōng），用力者劳。"清代学者段玉裁在注解的时候，认为"火烧冂"的意思就是"烧屋"，表示用力救火疲惫辛苦，所以"劳"指的是生活艰苦。"劳"字的小篆写法，上面是两个火的炏（yán），即"炎"的异体字；中间是"冖"字，表示房屋；下面是"力"，表示用力。

看到"炏"字，可能大家就会"举一反三"地趣味叠字了：三个火的焱（yàn），四个火的燚（yì），和"又双叒叕"四个字一样，已经被大家"玩坏了"，但我猜大多数还不一定知道这些字的读音呢。

先说"火"字家族吧。一把"火"烧得还不够旺，左右两把火，"炏"字极言"炽盛"之意，后来引申为兴盛，亦指威势显赫；上下两把火"炎"字，本义一般认为指火光上升，又可泛指焚烧，后来引申为热、极热；三把火的"焱"字烧得更旺，指的是火花、火焰；四把火的"燚"字烧得最旺，形容火剧烈燃烧的样子。

再说说"又"字家族："又双叒（ruò）叕（zhuó）"四个字不像"火炎焱燚"那样可以望文生义，它们所表达的意思有所不同。"又"字表示重复、再一次的意思;"双"字表示两个;"叒"字古同"若",是上古神话中的树名,《说文解字》中的解释是"日初出东方汤谷,所登榑桑,叒木也";"叕"字的意思是连缀。

类似这样的字群还有:一二三三(sì)、口吕品畾(jí)、土圭垚(yáo)垚(kuí)、丨(chè)艸(cǎo)芔(huì)茻(mǎng)、水沝(zhuǐ)淼(miǎo)㵘(màn)、鱼鱻(wú)鱻(xiān)鱻(yè)、龍龘(dá)䨻(dá)龖(zhé),等等。不过这里面的很多字都是异体字、繁体字,现在也不为大家常用了。

博

——国际博物馆日长知识

五月的节日真的很多。我们从五一劳动节说到了 5 月 19 日的中国旅游日,其实就在旅游日的前一天——5 月 18 日,是国际博物馆日,以前我也经常去博物馆打卡呢。

你知道下面这些博物馆的"镇馆之宝"吗?

中国国家博物馆——后母戊鼎(曾称"司母戊鼎");
北京故宫博物院——清明上河图;
湖北省博物馆——越王勾践剑和曾侯乙编钟;
甘肃省博物馆——马踏飞燕;
河北博物院——西汉刘胜金缕玉衣和西汉长信宫灯。

其实，很多博物馆的"家底"都很厚实，所谓"镇馆之宝"并没有完全统一的标准答案。

在这里，我还要给大家说一下博物馆的"博"字有多讲究。

《说文解字》中有注："大通也。从十从尃（bù）。尃，布也。""博"这个字有"大"和"通"的意思，由"十"和"尃"组成，"十"可以解释为"数之具也"，而"十"是数字完备的标志，也有齐全的意思。"尃"有两个读音："fū"和"bù"，意思分别是分布和普遍。"尃"与"十"合起来表示从四方到中央都齐备，也就是分布广泛的意思了。所以"博物"有万物的意思，博物馆也就是博纳万物的场馆。

博物馆是保护和传承人类文明的重要殿堂，是连接过去、现在和未来的桥梁。博物馆作为历史的保存者和记录者，被很多人视为一座城市的灵魂。有句话说得特别好："博物馆不仅装载着人类的文明故事，它的存在，本身就是一个故事。"接下来我就和大家分享几个博物馆之最吧！

世界上单体建筑面积最大的博物馆是中国国家博物馆，它共有48个展厅，足足有14层楼那么高。在北洋政府时期，蔡元培就将其筹办处的选址选在了国子监，国子监是当时的最高学府，相当于现在的清华、北大。后来它迁到了故宫的端门和午门，国家博物馆也正式建立。中华人民共和国成立后，由设计过天安门观礼台、武汉长江大桥的著名建筑设计师张开济主持建设，"国博"与和它隔着广场相对而立的人民大会堂共同被列入新中国成立十周年十大建筑。可见国家博物馆的地位可真是非比寻常！

接下来给大家介绍的这个"第一"博物馆与张謇有关，张謇可能很多人都不陌生，他是著名爱国实业家，更是晚清的状元。但是其实中国的第一个博物馆南通博物苑就是由他自费创办的。博物苑所在地南通也被誉为"中国博物馆摇篮"，当地有各品类博物馆多达21个。

再介绍一个"出身名门"的博物馆——苏州博物馆。苏州博物馆新馆选址位于历史保护街区范围，紧靠世界文化遗产拙政园和全国重点文物保护单位太平天国忠王府。它的设计师是著名的贝聿铭先生。

贝聿铭先生以擅长设计博物馆而享誉全世界，他曾应美国肯尼迪总统遗孀杰奎琳的邀请，设计过肯尼迪博物馆，应法国密特朗总统之邀，设计过卢浮宫博物馆，都获得了巨大成功，作品成为不朽的经典。苏州博物馆是贝先生第一次在中国设计的博物馆。

再介绍一个鲜为人知的博物馆——合浦（pǔ）汉代文化博物馆，海上丝绸之路的起点合浦港就在这个地方。从这里出发,中华文明沿着海洋走向世界,而这个博物馆也清楚地向我们诉说着这段历史。

最后,要说起现在最受欢迎的博物馆,三星堆博物馆必定值得一提。"沉睡数千年,一醒惊天下。"作为新修建的博物馆,在布局、体量设计、交通等方面都充分与现代化接轨,"古蜀之眼"也成了网络热门的打卡胜地。

今天给大家介绍了这么多的博物馆,你打卡过哪些博物馆呢?让我们多多在博物馆里去体验历史留给我们的伟大遗产吧!

游

——念谢公屐,羡霞客行

五一劳动节,对我们中国人来说是小长假,可以利用几天假期策划出游。但是五月还有一个"中国旅游日",大家可能知道得不多。这个节日是5月19日。

一说到旅游,我就想起了2021年夏天,我和央视频的小编去江苏无锡拍摄《城市有意思》。脑海里马上就出现了"太湖佳绝处"的鼋(yuán)头渚,热气腾腾的无锡小笼包,甜蜜蜜的无锡酱排骨,还有清水油面筋……旅游真的是一个让许多人感受到幸福的词。今天,我就来给大家讲讲和中国旅游日相关的小知识。

中国旅游日在众多节日里,算是一个"小年轻",从2011年设立到现在也不过十来年。不过你别看它设立时间短,真要追溯历史，可是与明代的大旅行家徐霞客有关。古人说，"父母在，不远游"，要在家里尽孝，但是徐霞客的父母却特别支持他出门旅行。他二十岁起就戴着母亲亲手缝的帽子，开启了"说走就走的旅行"。我特别佩服他的勇气，要知道，越险峻奇特的地方徐霞客就越是喜欢去，这一路上少不了在悬崖上吊根绳子攀岩，在石壁上拿个小铁镐开路，这些场景我光是想想就有点儿害怕！徐霞客第一次到浙江天台山的时候，看这美景激动得不得了，灵感一来就挥笔写下了《游天台山日记》："癸丑之三月晦，自宁海出西门，云散日朗，人意山光，俱有喜态。"这个"晦"字，在古代的意思是农历每月的最后一天，"癸丑之三月晦"换算到公元纪年，就是1613年5月19日。后来，人们把徐霞客写的所有游记编成了一本《徐霞客游记》，第一篇就是《游天台山日记》。今天的我们出门旅游，会提前上网查找攻略，看看走哪一条路线去看山水最完美；古人旅游用的攻略，不就是这一篇篇文采优美的游记嘛！如今我们把5月19日设立为中国旅游日，是为了借这一天纪念心怀诗与远方的徐霞客，也是提醒大家享受旅行的美好，感受祖国的壮美山河。

聊到这里，大家也应该知道我们今天要讲的字是哪一个了。

对，就是"游"。许慎在《说文解字》中讲道："游，旌旗之流也。"意思是指旗帜随风飘舞。后来也引申为在水中浮行或者潜行。慢慢地，"游"可以单指河流，也可以用来形容人或者物不固定、经常移动。我们今天讲的旅游的"游"，在《现代汉语词典》（第7版）里，指的是在各处从容地行走游荡。

大家知道现在有一个热门词语叫"为爱发电"，意思是愿意在自己极其喜欢的领域进行创造，不计较回报。我国山水诗的鼻祖谢灵运，不仅是历史上有名的"驴友"，更是这样一个"发电机"。古人旅游跟我们现在出行其实有很多相似之处，出门都得带不少东西，我们带雨具防雨，古人带蓑衣；我们住酒店要带上身份证，古人也得带上路引、门券、鱼符、牙牌之类作为登记的凭证，光有银子可是远远不够的；我们爬山挑轻便防滑的鞋子，古人就带上了古代的"登山鞋"——谢公屐。作为追求刺激的爬山爱好者，南朝诗人谢灵运一直在想怎么样可以让爬山更加轻松一点儿。为此，他绞尽脑汁，不仅把宽大的袖口改紧，方便走路，戴帽子用来遮阳，还发明了一种木质的钉鞋。这种钉鞋乍看和普通的木屐没什么两样，鞋底都横着两个木齿钉，不同之处就是这两个齿钉是活动的。上山的时候，取掉前掌的齿钉，这样鞋后跟高，方便抵在石头或者土地上，不让重心往后倒；下山的时候，则取掉后掌的齿钉，前鞋掌高，下山不容易往前倾，更加稳当。可以说，谢公是"诗人里面最会旅游的发明家"。李白所写的"脚著谢公屐,身登青云梯"说的就是这样的鞋。谢公发明的这双鞋,真是不知道造福了多少旅游爱好者呢!

我们今天去旅游相对古人来说,无论是行李装备还是交通工具都是古人不可想象的先进,但遗憾的是,我们在景点"打卡"之余,却难以写出,哪怕是吟诵出古人的锦绣诗章了。

徐霞客有"丈夫当朝碧海而暮苍梧"之志,而我们也应多游历,多开阔眼界。

03

美食篇

馄　饨

——竟然是一种饼吗？

说起吃，可能大部分人都非常感兴趣。你看我们中国人见面打招呼，经常问"您吃了吗"。经过几千年的发展，中华民族确实形成了非常独特的饮食文化。中国也有"烹饪王国"的美誉，是世界上公认的三大美食王国之一，另外两国是法国和土耳其。

不害羞地讲，我也是"吃货"一枚。所以，我们猜个关于美食的谜吧。谜面是：一张面皮包揽乾坤，咸辣酸甜，各得其所。大家猜猜是什么？这个谜语的谜底可能很多。今天我们说一说其中一个：馄饨（húntun）。

可能会有朋友觉得，这有什么容易读错的吗？第一个字念"hún"，第二个字念"tún"。第二个字到底怎么读，我们打开《现代汉语词典》(第7版)来看一看。

"饨"字标注的读音是"tún"。可是,这个字和"馄"放在一块儿的时候,就要读轻声,所以这道美食正确的读音是"húntun",千万别读成"húndùn"。

词典里对馄饨这道美食是怎么解释的呢?"面食,用薄面皮包馅儿,通常是煮熟之后带汤吃。"我们今天查"馄饨"这个词的出处,能够见到比较早的,是三国时期张揖撰写的《广雅》。这当中有记录说:"今之馄饨,形如偃月,天下之通食也。""偃月"是指半月形。还有更早一些的,西汉杨雄的《方言》中也有这样的记载:"饼谓之饦,或谓之饦馄。"

那个时候馄饨就是饼的一种。明明有肉馅儿,为什么是"饼"呢?因为古代的饼和今天我们理解的饼含义不同。东汉语言学家刘熙在《释名》中对"饼"做出的解释是:"饼,并也,溲(sōu)面使合并也。""溲"有浸泡的意思,也就是说,把水和面合在一起的食物都是饼。《释名》列举了很多饼:蒸饼、汤饼、蝎饼、髓饼、金饼、索饼……用汤水煮熟之后的面食就是汤饼。我们从一些文献或小说里面,能够看到这样的称谓。

清代有一位诗人杨静亭,他编写了中国第一部旅行指南:《都门纪略》。在书中他把小小的馄饨形容得特别有滋有味。

有这么几句:"包得馄饨味胜常,馅融春韭嚼来香。汤清润吻休嫌淡,咽后方知滋味长。"

现在馄饨已经成了遍布各地的美味小吃,而且演变出了很多的品种,各有名字。比如说武汉的包面、福建的扁食、江苏的淮饺、江西的清汤、四川的抄手、广东的云吞,等等,不同地域叫法各异。烹饪的方法也是多种多样,蒸煮煎炸,各有风味。

最后给大家一记灵魂拷问:你知道馄饨、抄手、云吞、扁食,还有你所在的地方对馄饨的叫法,这些吃食之间到底有什么区别,你知道吗?

你可以一边吃着一碗馄饨一边思考。而吃之前要提醒大家,一粥一饭、一颗一粒,当思来之不易,桌清、盘清、碗清、碟清,杜绝餐饮浪费。适量点餐,光盘行动,从你我做起。

小康带你"考古"
馄饨的前身

螺蛳粉

——正宗的螺蛳粉里没有螺蛳

说起闻起来臭、吃起来香的美食，有一味绝不可错过。它不是榴梿的甜臭，不是臭豆腐发酵后的味道，更不是比臭豆腐臭出 20 多倍的鲱鱼罐头，而是我们要"嚼一嚼"的螺蛳粉。

这个容易读错的美食的名字中，"螺"字大家不会读错，螺是一种软体动物，体外包着锥形、纺锤形或者椭圆形的硬壳，上面有旋纹。而第二个字"蛳"，很多朋友第一次见的时候都是本着不认识就念半边的原则，把它念成"shī"，其实正确的读音是"sī"。不是"luóshīfěn"，是"luósīfěn"。如果你去哪家螺蛳粉店，店主说欢迎你来吃螺"shī"粉，那建议你就不要吃了。因为很可能不正宗。"蛳"的含义又是什么呢？其实它和"螺"是一样的。它们就像一对孪生姐妹，组成了"螺蛳"这个词,我们把这样的词叫作同义复词。

《现代汉语词典》(第7版)当中,对于螺蛳的解释是:"淡水螺的通称,一般较小。"

螺蛳粉的特点是辣、爽、鲜、酸、烫。最近这几年人气特别旺。无论到哪个城市去,几乎都能找到螺蛳粉店。螺蛳粉的起源也是众说纷纭,但有一点可以肯定——它的老家就是在广西柳州。因为那儿的自然环境特别适合螺蛳的生长,那儿的人们又对米粉有着非常深厚的感情。所以螺蛳粉应运而生。

有人问,唐代文学家柳宗元被贬为柳州刺史,他会不会也吃过螺蛳粉?我想,河东先生可能在柳州嗍过螺蛳,吃过米粉,但还真未必吃过螺蛳粉。因为据说螺蛳粉最早出现于20世纪70年代末。

2008年,柳州螺蛳粉手工制作技艺已经成功申报了广西壮族自治区第二批非物质文化遗产名录,2020年被列入国家级非物质文化遗产名录。

正宗的柳州螺蛳粉的做法,是把螺蛳和其他的配料一起熬汤,再用这个汤去煮粉。在熬制的过程中,螺蛳肉已经化在了汤里面。不太熟悉这道美食的朋友会疑惑:螺蛳粉螺蛳粉,我怎么没吃到螺蛳?正宗的螺蛳粉里就是没有螺蛳的。另外很多朋友不太习惯螺蛳粉的那股臭味。螺蛳真的不能背这个锅。因为螺蛳粉里的那股味道,并不来自螺蛳,而是来自配菜当中的发酵酸笋。可以说,螺蛳粉当中,除了螺蛳,酸笋也是灵魂之一。

据说有一种加料的螺蛳粉是榴梿味的,你敢去挑战一下吗?

小康为螺蛳正名

糍 粑

——猫不喜欢,"铲屎官"喜欢

我到福建古田参加"心连心"活动时,在那里发现了一种很有特色的小吃,这种小吃在闽南语里的发音,大概是"muāji"或者是"mǒji"。听起来有点儿黏糊糊的,大家猜到是什么了吗?其实就是我们经常会说到的糍粑。"糍粑"这两个字正确的读音是什么呢?第一个字读"cí",大家不要把它读成"zī";第二个字读"bā",一声。

《现代汉语词典》(第7版)当中,对这个词的解释就是"把糯米蒸熟捣碎后做成的食品"。我去的那个地方属于客家地区,客家人每逢传统节日,或者家里有什么喜事,都会做糍粑。客家人做糍粑,也是先把糯米蒸熟,之后把它放到石臼里面,用木槌反复地用力夯打,千锤百炼,一直要把糯米打得黏稠如泥。所以客家人会把做糍粑叫作打糍粑,打出来的糍粑特别有韧性,也特别好吃。

客家人还有一句俗话叫:"十月朝,糍粑板子碌碌烧。"这小小的糍粑寄托的是他们对于美好生活的热情。其实不只是客家地区,很多地方都有糍粑,当然做法有所不同,比如说有的地方做甜糍粑,蘸上花生芝麻;也有的地方做咸糍粑,里边包上萝卜丝。糍粑是糯米做的,糯米做的食品性温,暖胃健脾,冬天吃是最适宜的。温和又暖人。而且糍粑可以烤,可以煮,可以煎,可以炸,还有的地方是用甜酒煮熟了来吃,各有风味。

现在又多了各种脑洞大开的创新吃法,比如说我听说重庆有一种美食叫糍粑冰粉,就是在传统的冰粉里,加红枣、薏米、薄荷等不同的食物,再加进糍粑。又软又凉的冰粉配上糍粑,也算是一种绝妙的搭配了吧。有机会到重庆,大家一定要尝一尝。

川渝地区有一个关于糍粑的歇后语:"猫抓糍粑——脱不了爪爪。"意思就是小猫的长指爪戳进黏糊糊的糍粑里,被牢牢地黏住,逃脱不出来。所以这个歇后语的意思就是脱不了干系。作为一个"猫奴""铲屎官",我觉得这个歇后语好可爱。

糍粑寓意着团圆、甜蜜,象征着家庭和睦、吉祥。糍粑不仅仅是简单意义上的一种食物,更是黏住亲情和友情的一个纽带。我知道很多朋友的家乡也都有糍粑,那么你家乡的糍粑又是怎么做的,有什么特别的风味?

小康说的闽南话
听起来黏糊糊的

果　脯

——杨贵妃吃的是鲜荔枝还是荔枝脯?

果脯是一种用桃、杏、梨、枣等水果加上糖或蜜制成的食品的统称。大家都吃过,却在吃的时候常常把"脯(fǔ)"读成"pǔ"。

《说文解字》中的解释为:"脯,干肉也。从肉甫声。"清代段玉裁在注释中引用了《周礼·天官·腊人》中对"腊人"的解释:"掌干肉,凡田兽之脯腊、膴(hū)胖之事。"郑玄注《周礼》:"薄析曰脯。"也就是说,切成薄片的干肉就叫"脯"。如此说来,肉脯自周代至今已有几千年的历史了。

果脯生产究竟是从何开始的,已经难以考证了,但是有种说法是,汉唐时就已经有了果脯。因为《三国志》中有一则《孙亮辨奸》的故事,说孙权之子孙亮"后出西苑,方食生梅,使黄门至中藏取蜜渍梅"。这个"蜜渍梅"应该就是三国时期的果脯了。

另有说法是唐朝人也吃果脯。因为杨贵妃爱吃荔枝,"一骑红尘妃子笑,无人知是荔枝来"。每年五六月荔枝成熟的当儿,唐明皇就派人骑千里马去蜀地为杨贵妃取荔枝。荔枝极易腐烂,离枝后必须马上吃,可是长安距离蜀地那么遥远,除了快马加鞭保持荔枝新鲜之外,还要想办法把荔枝的味道留存住,于是就出现了唐朝的果脯。

宋人唐慎微撰写的《证类本草》里有这样的记载:"福唐岁贡白曝荔枝,并蜜煎荔枝肉……凡经曝皆可经岁,好者寄至都下及关、峡,河外诸处,味犹不歇。"可以说,一千三百多年以前,民间就有果脯了。所以就有人提出这样的想法:杨贵妃吃到的,有可能是荔枝脯,而不是鲜荔枝。

无论是汉代的果脯还是唐代的果脯,其实它的制作方法都差不多,就是把不耐保存的水果浸入蜂蜜或是蜜糖当中,能够起到防腐、保鲜和增甜的功效。

再说回"脯"字的读音。在《现代汉语词典》(第7版)中,"脯"有两个读音:一个是"果脯"的"fǔ",另一个则是"胸脯"的"pú"。怎么记呢?小编告诉我一个小妙招——联想记忆法。把"脯"拆分成一个"月"字和一个"甫"字,这时你就可以联想杜甫遥望着月亮的景象,念出那句传承已久的经典诗句:"露从今夜白,月是故乡明。"杜甫望月,所以这其中一个读音就是"fǔ","果脯"的"脯",也就和另一个读音区分开了。

小康教你巧记
"脯"字读音

醪　糟

——一碗好喝不上头的乡愁

据说，唐代时长安城有一种酒很出名，诗仙李白很喜爱这种酒，常约上好兄弟彻夜痛饮。李白、贺知章、李适之、李琎、崔宗之、苏晋、张旭、焦遂这八位大文豪每次都要一醉方休，有"醉八仙"的称号。李白的头号粉丝杜甫，对八人饮酒的豪放那是羡慕不已，但自己却不胜酒力，于是只能写下《饮中八仙歌》："李白斗酒诗百篇，长安市上酒家眠。天子呼来不上船，自称臣是酒中仙。"对李白的诗才与豪放纵逸"崇拜值拉满"。

李白到底能喝多少酒呢？他喝的是清香型还是酱香型呢？都不是。李白喝的是一种米酒，在当年的长安，这种酒叫稠酒。今天的西安，也依然有桂花稠酒。但是我们今天说的这个容易读错的名称不是酒,而是酿造方法类似,但是度数没有酒那么高的一种饮品:醪糟(láozāo)。《现代汉语词典》(第7版)对"醪糟"的解释是:江米酒。江米也就是糯米。

醪糟旧时又被称为"醴(lǐ)"。因米酒在伏天酿制出来为最佳,湖北人称其为"伏汁酒",湖南等地区称它为"甜酒",还有些地区将其叫作"糯米酒""酒酿"等。虽然各地的叫法不同,但是醪糟的酿造方法大同小异,都是将蒸熟的江米摊平放凉,拌上酒酵,发酵而成。

醪糟的吃法有很多,长三角一带喜欢用醪糟做"酒酿圆子"——用糯米粉搓成小团子,撒上桂花,和米酒一起煮;湖北人喜欢做"糊米酒"——往米酒里加水和藕粉,喝一口稠稠的,饱腹感十足;北方地区有种吃法是直接用热乎乎的馒头蘸上醪糟吃。

很多美食都有咸甜之争,当然也不会放过醪糟。除了常见的甜味做法,福建的"酒糟炒鸡"是把酒糟同土鸡炒香,再放入温补的米酒一起炖煮;著名的重庆火锅里也常用醪糟加入锅底,增加汤底的醇厚……想想就觉得饿了,果然"吃货"的天赋是刻在中国人基因里的。

央视频的小编曾经问我:不能喝酒的人吃醪糟会不会醉呢?其实,醪糟味甘、性温,无法饮酒的小孩和老人也能喝。

在冬日早晨，温热的醪糟入口，整个身体都会变得暖和起来。在湖南街头常能听到声声叫卖："甜酒，小钵子甜酒！"湖南人喜欢用陶制的器皿装入甜酒，有的还加入几颗枸杞或者打入蛋花，在寒冬的街边喝下这小小一碗，更是好喝不上头的享受。

醪糟由糯米酿成，不经过滤的话看上去很浑浊，也因此，"浊酒"在古代诗词中有了浓郁的人生况味，"一壶浊酒喜相逢""浊酒一杯家万里""潦倒新停浊酒杯"，与新朋旧友共饮，它更像一种故乡的味道。不管我们走到哪里，不管这道记忆中的食物如何改名换姓，舌尖总是记得最初家乡的味道，家乡味永远都是最好的滋味。

小康要道具，
小编没准备

蛋 挞

——你一定吃过，但 99% 的人都读错了

之前经常在很多场合听到很多朋友说"给我来份蛋'tǎ'"，我在这里要提醒你，它的正确读音是"蛋挞（tà）"，没有"蛋塔"只有"蛋挞"。

其实如果把"蛋"字遮住，光看右边这个字的话，你一定会马上反应过来，"挞"，"鞭挞"的"挞"，那为什么放在"蛋"字的后面就容易读错呢？

我们先来说一说这个"挞"字，这是一个形声字，从手，达声，它的本义确实就是鞭挞，是指用鞭子或棍子来打。《周礼·小胥》当中有这样的句子："觵其不敬者，巡舞列而挞其怠慢者。"

你可能更好奇了，这么一个表示动作的字，最后怎么成了

这样一种美食的名称呢？那我们就要说一下"蛋挞"这个食物的来源了。这是一种用蛋浆做馅儿料的西式馅儿饼，因为英文当中它的名字是"egg tart"，所以蛋挞的这个"挞"就是"egg tart"的音译。你看这样是不是就好记多了？

当然说到蛋挞，我想我们最熟悉的就是葡式蛋挞，那你知道葡式蛋挞的"鼻祖"到底起源于哪里吗？大家都知道是葡萄牙，那具体在葡萄牙的哪里呢？葡萄牙的首都里斯本有一个举世闻名的贝伦蛋挞店，这就是葡式蛋挞的起源地。据说每一位在这家蛋挞店里工作的蛋挞师傅都必须要签一个终身保密协议，如果你从这儿离开了就不能再从事和制作蛋挞有关的任何工作。这会更让人好奇到底这家的蛋挞的味道，会好到什么程度。很可惜，我曾经去过里斯本，但并没有吃过贝伦蛋挞。不过之前去澳门的时候，我尝过当地的葡式蛋挞。你知道这个澳门的葡式蛋挞又是怎么来的吗？

它是由英国人安德鲁·史斗品尝过葡萄牙的贝伦蛋挞后之后，决定把它改良之后再引入澳门，成为澳门的名小吃——葡式蛋挞。1989年安德鲁在澳门路环岛开设了一家饼店叫"安德鲁饼店"，在传统葡式蛋挞的食谱上也加入了一些自己的创意创新点。他融合了一些英式糕点的做法，做出了口感更软糯的葡式蛋挞，后来葡式蛋挞逐渐成为澳门最有名的小吃之一，广受欢迎。

　　说到这儿，真是有点儿想念蛋挞的味道了。想象一下，在休息日的午后，吃上一个新鲜出炉的蛋挞，酥脆的挞皮和浓郁的奶香一起在味蕾上绽放，太治愈了。在享受美味的同时，要记得这个美食的读音，蛋挞（tà）。

小康：没有"蛋塔"，只有"蛋挞"

芝麻糊

——童年经典广告要重新配音了

在我小的时候,流传着一条经典电视广告,"黑芝麻糊哎——"一听见这广告里的叫卖声,童年的我就好像闻到了芝麻糊的浓香。今天咱们就"咬一咬"这个美食——芝麻糊(hù)。

先说说芝麻,咱们中国人吃芝麻可是有着悠久的历史。早在西汉张骞出使西域后,我国就有食用芝麻的记载了。有一种观点认为,芝麻是由张骞带回中国的,因此芝麻还有一个"胡麻"的别名。当然,这个胡麻跟我们如今日常说的胡麻并不是一回事。据说他还带回了石榴、葡萄、核桃、胡瓜(也就是现在的黄瓜),等等,我看有网友说,张骞简直是丝绸之路的"带货第一人"啊!

从西汉一直到清代，芝麻逐渐成为中国餐桌上的常见食物。如今，和芝麻相关的食物就更是数不胜数了，比如黑芝麻糊、黑芝麻糖、黑芝麻汤圆、黑芝麻膏等，都是老少皆宜的美食，当然，我最爱的还是芝麻糊。

有些朋友会说了，"芝麻糊"的读音太别扭了，感觉自己"说都不会话了"。大家有没有想过，我们为什么习惯成自然地把"糊"读成二声呢？我觉得其实这是来源于"糊"字的另一个读音，也是我们日常生活中常说的"糊涂"的"hú"，所以自然而然地也就读成芝麻"hú"了。

在《现代汉语词典》（第 7 版）中，"糊"字读二声"hú"时，意思是用黏性物把纸、布等粘在别的器物上，朋友们也许会问了："那这也不是糊涂的意思啊？"这又要说起另一个字了，就是"胡"，在词典的示例中就有"胡涂"一词，和"糊涂"同义，只不过我们后来用"糊"的写法更多一些，所以"糊涂"也就顺理成章地读作"hú"。当然，在口语中我们表示类似意思时，也常读成轻声，比如迷糊（míhu）、含糊（hánhu），等等。

接着说回芝麻糊，"糊"在读四声"hù"时，表示样子像粥一样的食物，比如"面糊""芝麻糊"等；也有将就的意思，比如"糊弄事儿"。

它的第三个读音，是一声"hū"，作动词用，意思为用较浓的糊状物填补缝隙或窟窿，比如：糊上一层泥。

最后，虽然我们是从美食讲起的，可还是要说一说有个特殊情况的发音。眼睑分泌出来的黄色液体，俗称眼屎，在一些方言中称为"眵目糊"。这里的"糊"字，如果从上面所说的发音规律看，似乎应为"面糊"状的"hù"，但是这三个字组合起来，读作"chī·muhū"。"mu"的注音前有个小圆点，表示这个"目"字要读作轻声。

怎么样，你猜对了吗？其实啊，生活里有很多词语我们平时挂在嘴边不知说了多少遍，不"咬文嚼字"一下真的不知道，原来一直读得是错的，比如芝麻糊、蛋挞、馄饨、螺蛳粉，等等，但这并不妨碍我们都有一颗爱吃的心。

小康用游戏助记
"糊"字读音

鳗 鱼

——小康点菜时也要"咬文嚼字"

最近我身边多了一些年轻的新同事,他们大多是"95后""00后",其中很多都自称"鳗鱼青年"。什么是"鳗鱼青年"?刚听到这个词的时候我也是一愣,又不好意思问,只好偷偷上网查,才知道这是个网络新词,"鳗鱼青年"还有"当鳗鱼不当咸鱼"的口号。

"鳗鱼青年"有三大特点:看似佛系划水,实则默默游向成功;善于自我历练,让人无刺可挑;打扮精致,像鳗鱼饭一样秀色可餐。

没错,今天咱们要来聊的这个词就是"鳗鱼"。"鳗"字读二声,"mán"。

这个读音,是否又一次刷新了你们的读音库?我每次去料理店点菜时都会发生尴尬的一幕。我对服务员说"来一份鳗（mán）鱼饭"时，服务员总是以怀疑自己耳朵的表情问："什么？"然后"哦"一声明白过来，边重复一遍"'màn'鱼饭"边记下来。我这个习惯"咬文嚼字"的人一定要再重复一遍："是'mán'鱼饭。"服务员也会表情奇怪地再"纠正"我一遍："好的，'màn'鱼饭。"

在《现代汉语词典》（第7版）中，"鳗"字有且只有"mán"这一个读音，释义是一种鱼，是"鳗鲡"的简称。鳗体细长像蛇，表面多黏液，生活在淡水中，成熟后到海洋中产卵。

数千年来，鳗鱼对于人类来说一直是个谜：人们不知道鳗鱼究竟是从哪里来的。亚里士多德坚信它们没有性别，认为所有的鳗鱼都是从淤泥里"无中生有"地出现。不过，他并不是唯一被困在"鳗鱼谜团"里的人，还有一个人——弗洛伊德，他在年轻时想尽办法要弄清鳗鱼是如何繁殖的，结果同样一无所获。

这是什么原因呢？因为世界上现有将近二十个品种的鳗鱼，它们都有一个奇怪的癖好：喜欢不远万里游到远处"生宝宝"，踏上千里迢迢的"海洋生产"之旅。虽然鳗鱼一次能产下数量庞大的卵，但在整个洄游的过程中能够存活下来的，却是少数中的少数，这种种原因都导致鳗鱼的出身一直是个谜。

直到现在，人类也只能通过捕获天然鳗苗后再进行人工培育，但捕获鳗苗的过程同样十分艰难，要我说，这简直就是真正的"大海捞针"。即便是捕获了鳗苗进行培育，小鳗鱼也是相当"高冷"又挑食的，想把它们抚养长大也并非容易的事儿，它们不像其他小鱼一样吃些浮游生物，而是吃一种黏液状的物质——海洋中活的和死去的小蟹小虾、微生物等有机体结合而成的物质，它有个听起来充满诗意的名字——海雪。可见，成熟的鳗鱼也是相当珍贵的，能被端上餐桌成为我们人类美食的鳗鱼，也真是不容易。

我曾读过一本科普书，帕特里克·斯文松的《鳗鱼的旅行》，书里非常细致地讲述了鳗鱼"传奇"的一生。我很喜欢书里的一段话：

> 也许有那样一类人：当他们决定要寻找某件勾起他们好奇心的事情的答案时，会不断前进，永不放弃，直至最终找到。无论这会花费多长时间，无论他们有多么孤单，无论这一路上会有多么绝望。

希望我们都能做"鳗鱼青年"，不做"咸鱼"，拒不"躺平"，在"咬文嚼字"的路上，也能心无旁骛、砥砺前行。

香 榧

——听说西施最爱吃也最会吃

有一种植物十分奇特,它第一年开花,第二年结果,第三年才成熟。也就是说,一棵树上同时生长着三年的果,所以又被称为"三代果"。

这种植物有个好听的名字,叫香榧(fěi)。宋代的《尔雅翼》中这样介绍它:"彼有美实而木有文彩","其实有皮壳,大小如枣而短,去皮壳可生食……以小而心实者为佳"。

香榧盛产自西施的故乡——浙江诸暨,香榧结的果子,就是西施生平最爱吃的美食之一。香榧的榧,在古代又称彼子、柀子、榧实、榧子、玉榧、玉山果、细榧。清朝乾隆年间的《诸暨县志·物产卷》记载:"榧有粗细二种,以细者为佳,名曰香榧。"

关于香榧的传说故事有很多，其中最著名的是"西施眼"的故事。

大家可以看一下香榧的形状，上有两颗眼睛状的突起，相传这两个"眼睛"就是西施发现的，因此又被称作"西施眼"。

相传吴王夫差曾在宫中进行剥香榧比赛，让美人们打开坚硬的香榧壳。很多女子用手剥，用牙咬，费尽力气，剥出的香榧果也很难完整漂亮。而才华与美貌并重的西施发现香榧壳上有两颗眼睛状的突起，两个手指轻轻一捏，果壳就裂开了，取出的榧肉完完整整。吴王大喜，将香榧上的"眼睛"命名为"西施眼"，这种称呼一直流传至今。这个典故也告诉我们一个道理——爱吃的前提是会吃。

香榧顾名思义，闻起来有一股淡淡的香气，因为果实中含有乙酸芳樟酯和玫瑰香油，是提炼芳香油的原料。香榧不仅香，而且色、味俱佳。美食达人苏东坡就曾经赞美香榧："彼美玉山果，粲为金盘实。"宋代诗人何坦在《蜂儿榧》中对香榧的味、韵、香都极具赞美之词："味甘宣郡蜂雏蜜，韵胜雍城骆乳酥。一点生春流齿颊，十年飞梦绕江湖。"

《红楼梦》中的宝玉与众姊妹入住大观园没多久，闲来无事，来潇湘馆找黛玉消磨时间，宝玉看黛玉一副郁闷的样子，就哄她说要给她剥个"榧子"吃，这个榧子说的也是香榧了。

香榧不仅味美香醇,营养丰富,还常被当成祭祀、婚庆、寿庆中的吉祥物,象征吉利、兴旺、富贵、长寿、和谐。

我国会稽山地区现存古香榧林已成为世界上存续历史最悠久的香榧林,被誉为"活着的化石群"和"不老的摇钱树"。苏轼对香榧树的崇高品格更是赞赏有加:"祝君如此果,德膏以自泽。""愿君如此木,凛凛傲霜雪。"

香榧,在我看来,已成为苏轼达观和傲岸不屈人格的写照。

芫 荽

——你的基因喜欢它的味道吗？

听说如今的冰激凌口味越来越多，竟然还有香菜味的，你会想尝一尝吗？

你喜欢吃香菜吗？这个问题的答案一直如同"蜜糖与砒霜"，喜欢香菜的人感觉它是美食的灵魂，不喜欢它的人能因为一片香菜叶拒绝整盘美食。我看到有网友戏称香菜是"友情终结者"，甚至有外国网友自发地把2月24日定为了"世界讨厌香菜日"。其实，这还真不一定是个人口味之间的差异，主要是"命中注定"。科学研究发现，讨厌香菜的人身体里大多都带有一段嗅觉受体基因，这个基因会让人对香菜中的醛类物质很敏感，而这种醛类物质就会散发出强烈气味，特别提一句，臭虫身上也富含这种物质。另外，讨厌香菜的人也独有一段苦味基因,他们更容易吃出香菜的苦味。既然是基因决定的,我们对不爱香菜的人就不要再说他们"挑食"了。

那么,你知道香菜的学名叫什么吗?

香菜的学名是芫荽(yánsuī),在四川、重庆、湖北西部等地的方言中也以古音"yánxū"来称呼它。在《说文解字》中,"芫"的释义是"鱼毒也",同时记载了"荽"的异体字"葰",释义是"可以香口",所以芫荽有了一个被大家广为熟知的名字——香菜。《现代汉语词典》(第7版)中记载"芫"这个字还有另一种读音,是"yuán"。读作"yuán"的时候,有一个词"芫花",指的是一种供观赏的落叶灌木,有长圆形的叶子,淡紫色的花,结核果。

芫荽在古代曾经被称为"胡荽"。名字中有"胡"字的植物,大都与西域的胡地有关,比如胡麻、胡瓜、胡葱,等等。西汉建国时,北方一直受到强大的匈奴的威胁。经历了轻徭薄赋和"与民休息"的"文景之治",汉朝的社会经济已经得到了恢复和发展。汉武帝即位后,迫切地想要改变这种受人牵制的状况,想与大月氏联合抗击匈奴,可是西行的必经之路——河西走廊还处在匈奴的控制之下,于是命张骞率领一百多人出使西域。张骞这一程,使中原和西域开始频繁交往,走出了一条影响深远的"丝绸之路"。原产于地中海沿岸的胡荽就通过

"丝绸之路"传到了中原。

到了十六国时期的后赵,羯族人石勒做了皇帝,忌讳"胡"这种带有歧视性的说法,又因胡荽香气独特就改叫它"香荽"了,慢慢地,"香菜"就成了它的俗称。另外,因为当时人们吃香菜习惯用盐浸,所以又有了"盐荽""芫荽"的叫法;又因为香菜茎叶细碎散布的样子,被称为"蒝(yuán)荽"。

明朝文学家王世懋在《瓜蔬疏》中说:"胡荽味苦无当,而在五荤之内,不植吾圃中可也。"可见他是害怕香菜的臭味之人。有读者可能要问了,明朝时又有人称香菜为"胡荽"了吗?没错。因为明朝统治者对前朝没有好感,尽量不用与"元"同音的字。香菜的名字直到今天也没统一,作为一种菜,实在是太难了。

汪曾祺先生在《四方食事》中写自己吃香菜的经历很是有趣:

> 有些东西,本来不吃,吃吃也就习惯了。我曾经夸口,说我什么都吃,为此挨了两次捉弄。一次在家乡。我原来不吃芫荽(香菜),以为有臭虫味。一次,我家所开的中药铺请我去吃面——那天是药王生日,铺中管事弄了一大碗凉拌芫荽,说:"你不是什么都吃吗?"我一咬牙吃了,

从此，我就吃芫荽了。

写到这里，我不妨用汪老的总结来作结："一个人的口味要宽一点、杂一点，'南甜北咸东辣西酸'，都去尝尝。对食物如此，对文化也应该这样。"

蚵仔煎

——盘点一下"虫"字旁的贝类

有一道美食,我第一次听到它的名字,还是在很多年前看到的香港电影当中,周润发、张国荣、钟楚红,都对它念念不忘——蚵仔煎。说起来它不是香港的传统美食,而是起源于福建沿海。今天的台湾、潮汕等地区,蚵仔煎都是一道传统小吃。

蚵仔煎的闽南话读音是"éājiān"。而"蚵"字在《现代汉语词典》中没有收录,但是又非常关键。今天这道美食被人们约定俗成读作蚵(kē)仔煎,或者荷(hé)仔煎。

关于它的起源,有一段有趣的民间传说,和郑成功收复台湾有关。17世纪,荷兰一度占领我国台湾,南明将领郑成功亲自率兵从鹿耳门内海攻入赤崁城,切断了它和台湾城的联系。郑军势如破竹大败荷军,荷军一怒之下,想了个损招,把粮食全都藏了起来。郑军无奈之下只能就地取材,把番薯粉掺上水,裹上台湾特产的蚵仔,煎成饼充饥,竟然鲜美又饱腹,于是这种煎制的做法流传至今,配料中还多了鸡蛋和葱。

还有另外一种说法是,随着郑成功的军队和福建潮汕等地移民逐渐迁入台湾,于是这一道传统美食蚵仔煎也传到了台湾。今天,它是海峡两岸人民都非常喜爱的一道美味佳肴。

吃过蚵仔煎的朋友们应该知道,蚵仔煎中的海鲜就是牡蛎,又叫生蚝,所以现在我们走到一些餐厅里,会看到菜单上这道菜可能被写作蚝煎、蚝烙、海蛎煎,等等。蚵仔的学名是牡蛎,是世界第一大养殖贝类,濒海各国几乎都有养殖。它的营养价值很丰富,被誉为"深海牛奶"。我们国家在汉朝的时候就开始插竹养牡蛎了,距今已经有两千多年的历史。

就像各地对牡蛎的叫法不同,大江南北牡蛎的个头也有所不同。像山东、辽宁的牡蛎一般个头都比较大,如果烹饪的话,清蒸、蒜蓉蒸或是炭烤都非常好吃,而福建的牡蛎个头一般比较小,适合做汤或炒菜。

说起福建的美食,关于闽菜有句话叫作"无海鲜不成闽菜",很多的海鲜都是闽菜的重要食材。如果你细心的话,会发现一个挺有意思的现象,上文我们说到的蚵、蚝、蛎,这些用来表示贝类生物的汉字都以"虫"字为偏旁。虾、蟹、蚌等很多海鲜都是"虫"字旁。而这些字，如果不认识，只读半边的话就一定会读错。在这里给大家介绍几种海鲜的正确读音。

蛤蜊（géli），"蜊"字要读轻声。目前在我国沿海地区已发现30多种蛤蜊，常见的有四角蛤蜊、西施舌，等等。沈括在《梦溪笔谈》中记录了一次失败的炒蛤蜊的经历："如今之北方人，喜用麻油煎物，不问何物，皆用油煎。庆历中，群学士会于玉堂，使人置得生蛤蜊一筐，令饔人烹之，久且不至。客讶之，使人检视，则曰：'煎之已焦黑，而尚未烂。'坐客莫不大笑。"我小时候曾有一种风靡全国的国货护肤品，因为外包装是用天然的蛤蜊壳制作的，人们干脆就称它为"蛤蜊油"。

蚬（xiǎn）子，除南极洲以外，各大洲水域中都有蚬。清代学者李调元在《南越笔记·白蚬》中写道："粤人谣云：'南风起，落蚬子，生于雾，成于水，北风瘦，南风肥，厚至丈，取不稀。'"蚬子肉嫩味鲜、营养丰富，常见的有黄蚬子、花蚬子、白蚬子三种。蚬子和花蛤长得很像，也经常被大家搞混。蚬子的两片贝壳要更厚、更硬、更鼓一些，形状上也更像三角形，而花蛤要圆润很多。

蛏（chēng）子，常见于近岸的海水中。它喜欢躲在岸边的淤泥里，靠身上的两个水管与海水保持联系。常见的蛏子主要有缢蛏和竹蛏两种。缢蛏因为发达的水管看起来像人类的两条腿一样，有个绰号叫"小人仙"；又因为壳像人的指甲，有的地方也叫它"指甲贝"，北方有的地方还把它称为"蜻""青子"。竹蛏也叫"蛏子王"，它长得像细长的竹筒。

蚶（hān）子，在沿海各地都很常见。它的外壳上有一条条波浪形的放射肋，上面还有一层细小的绒毛。我们经常见到的有毛蚶、泥蚶、魁蚶，等等。魁蚶也叫"血贝"，日本人叫它"赤贝"，料理中的赤贝刺身就是它。

贻（yí）贝，常被称作"海虹"，壳通常是黑褐色，生活在海滨的岩石上。海虹的名字听起来很好听对不对？它还有一个更优雅的名字，叫"东海夫人"。这个名字真的太好听了，以后再吃海虹的时候都会觉得有点儿唐突东海夫人了。

蚌（bàng），这个字大家都不陌生，蚌壳里有珍珠层，所以如果你运气好的话，可能会在蚌里找到珍珠。

盘点了这么多"虫"字旁的海鲜，可能你会问：为什么这些海鲜的名字当中都带一个虫字？这个问题还真的值得好好琢磨一下。福建的美食当中有一道非常有名且特别的、真的是吃虫子的"黑暗料理"，叫作"土笋冻"。笋就是竹笋的笋，可是食材里面一点儿笋都没有，此"笋"非彼"笋"，里面形似蚯蚓的虫子才是主要食材。如果你敢于挑战自己，会发现土笋冻其实非常好吃，口感鲜滑，让人欲罢不能。你能想象会有人吃虫子欲罢不能吗？

海鲜盘点就先到这里吧。我们了解了一些带"虫"字旁的海鲜的读音，但它们为什么以"虫"字为偏旁呢？欢迎大家分享答案。

粳米、籼米

——让我看看有多少五谷不分之人

你知道吗？10月16日是世界粮食日。在2022年的世界粮食日这天，《人民日报》发文称：2012到2022十年来，我国粮食产能稳定提升，产量连续7年稳定在1.3万亿斤以上，10年再上一个千亿斤新台阶。目前，我国人均粮食占有量达到483公斤，高于国际公认的400公斤粮食安全线，做到了谷物基本自给、口粮绝对安全。

我国粮食的五大品类为：小麦、稻谷、玉米、大豆和薯类。其中，稻谷去了壳就是我们通常说的大米。

其实大米也是有很多种类的，我们用来做米饭吃的主要是粳（jīng）米和籼（xiān）米。

咱们先说说粳米。或许有朋友会问，粳米到底念"gěng"

还是"jīng"呢？因为大部分人两种读音都有听过。这里我要跟大家明确的是，粳米的"粳"念"jīng"，只有这一个读音，千万要记住哦。在《现代汉语词典》（第7版）中，粳指稻的一种，米粒宽而厚，近圆形，米质黏性强，胀性小。而粳米就是粳稻碾出的米了。因为相貌比较粗短，粳米被广东人称为"肥仔米"，很多口碑很好、为大家熟知的东北大米也是粳米。

我们再来说说籼米。籼稻是一种一年生的禾草，米粒细而长，因此又被称作"长米""仙米"，它的黏性小，适宜在温暖气候下广泛栽培，种子用作食物，适合做米粉，谷壳和其他副产品可饲养家畜，稻秆可以用来造纸。

袁隆平先生发明的"三系法"籼型杂交水稻，就是籼稻。籼型杂交水稻掀开了人类水稻生产史上崭新的一页，使我国成为世界上第一个成功培育杂交水稻并大面积应用于生产的国家，可是造福了全人类呢，正所谓："中国人要把饭碗端在自己手里，而且要装自己的粮食！"我们真的一定要珍惜每一粒来之不易的粮食呀！

其实，大米作为食物在我国可有着悠久的历史。据记载，水稻起源于我国，已有一万多年的栽培历史，科学家们曾在三星堆遗址中找到了四千五百年前的已炭化的大米种子。

大家都知道"神农尝百草"的故事吧？神农氏作为传说中

第一个食用大米的人,他的吃法是将石块烧热,然后将稻米放在石块上加热做熟。即使到今天,山西的特色小吃"石子饼"仍保持着这种原始的烹饪方式,而大米也已经成为中国大部分地区人们的主要粮食。

说到这里,你知道"人食五谷"是哪五谷吗?其实一直以来对"五谷"的界定都有不同的说法,但以两种观点为主,一种说法是黍、稷、麦、菽、稻,另一种说法是黍、稷、麦、菽、麻。这两种说法的主要区别在于稻和麻。稻,也就是指我们吃的米了。其实在古代,粮食作物并不止五种,历史上还有"六谷""八谷""九谷",甚至"百谷"之说。之所以习惯以"五谷"来概括粮食,是受到了中国传统文化中的五行思想的影响。

除了粳米和籼米,其他粮食的读音也带大家一并了解一下:粟(sù)米、青稞(kē)、糙(cāo)米。

其实生活中有许多物品都很常见,但我们只知道它们的通名,不知道它们细分的种类,就像大家叫自家米袋子里的米都是大米,而不知道它们是粳米还是籼米一样。看到今天的小课堂内容,不妨到家里的厨房去辨认一下,你和家人们在吃的是哪种米呢?

小康绕口令:
米更读粳不读梗

薤 头

——既是佳肴又是中药

我们由粳米、籼米聊到了五谷,那么,你知道五菜是指哪些菜吗?

这个问题一定难倒了不少人,因为一般来说,我们大家对五谷了解得更多些,对五菜可能就不太熟悉了。其实我国最早的医学典籍《黄帝内经》中就有对"五菜"的记载:"五菜,谓葵、藿、薤(xiè)、葱、韭也。"接下来咱们就先来好好了解一下这五菜。

葵是五菜之首,在古代一般指的是冬葵,因为它的叶子长得像猪耳朵,所以现在也叫作"猪耳草"。

藿指的是豆叶。三国时期张揖编写的《广雅·释草》中就记载道:"豆角谓之荚,其叶谓之藿。"古代粮食产量不高,于是穷苦的百姓为了生存，就会在不影响豆子生长的前提下，采摘豆叶来填饱肚子。《战国策》中写道："民之所食，大抵豆饭藿羹。"而"藿食者"这个词就用来指代社会底层的老百姓了。如今的我们正处在一个物质相对比较丰富的时代，不用再靠这样的方式填饱肚子了，但我们仍需珍惜粮食，杜绝浪费。

葱和韭，相信大家就很熟悉，不必多说了。

薤，俗称"薤白"，说的就是"藠头"了。查阅《现代汉语词典》（第7版）可以发现："藠"，读音为"jiào"，组词"藠头"，释义是"薤"。"薤"的释义是："多年生草本植物，地下有鳞茎，叶子细长，花紫色。鳞茎可做蔬菜。"藠头长得既像葱又像韭菜还像蒜，就连《说文解字》中都这样记载："薤，菜也，叶似韭。"

你别看藠头长得是大众脸，用它做菜可是非常美味的。它没有大蒜的特殊辛辣味，是开胃佐餐顺气的佳品，一般是在农历三四月间食用较好，所以有"葱三薤四"的说法。李时珍的《本草纲目》中就记载道："物莫美于芝，故薤为菜芝。"就连有"中华谈吃第一人"名号的唐鲁孙也写道："食唯韭薤，味清而隽也。"藠头既能用来炒鸡蛋、炒腊肉吃，也可以把它剁碎了包饺子。当然，用藠头来腌制酸菜也是一个非常不错的选择。

李时珍所说的"菜芝"是把藠头比作"菜中灵芝",民谚常常这样描述:"餐前饭后食六颗,郎中不打门前过。""久食佳肴不知味,馋涎只为甜藠头。""胃口不开不用愁,只要食颗甜藠头。"

古代的许多大文豪也是非常喜欢吃藠头的。咱们的诗圣杜甫就曾经专门在《秋日阮隐居致薤三十束》一诗中赞美过它:"盈筐承露薤,不待致书来。束比青刍(chú)色,圆齐玉箸头。"这"玉箸头",说的就是藠头,杜甫觉得这藠头青翠可爱、干净鲜亮,很是喜欢。要知道,咱们的诗圣可是一个不折不扣的"美食家",他流传下来的诗歌中有六分之一都是跟食物有关的,对美食可谓颇有心得。所以说藠头能够得到杜甫先生的夸奖,证明它的味道还是很不错的。

你可知道,当时的杜甫可是流落在秦州,年老体弱,胸腹间有寒疾,这时隐居的阮氏送来自己种的薤,无疑是雪中送炭,而杜甫专门为此事写了一首诗,也足以看出杜甫对于阮氏的感激之情了。正是因为藠头,才有了这样的一段诗坛佳话。

佐　料

——竟然分君、臣、使三等

今天吃什么？进厨房不知道做什么？完全不知道从哪儿下手？提起做饭就害怕？说的是你吗？对于我来说，也是一样，我家里的厨房很少开伙，但是这并不妨碍我来和大家"咬一咬""嚼一嚼""佐（zuǒ）料"这个词。

《说文解字》中没有"佐"字，只有对"左"的解释："手相左助也。从ナ（zuǒ）、工。凡左之属皆从左。"后来才把相助这个释义的字写作"佐"。而《现代汉语词典》（第7版）里也有相似的描述，"辅佐；辅助"；或者指代"辅佐别人的人"，套用到我们的食谱中，佐料作为平衡味道的辅助存在。它只有一个读音，"zuǒ"。

而我们平常口语中大多读作"zuóliao"的，其实是"作料二字,它的标准读音是"zuòliào"。与佐料同义,指的是烹调时用来增加滋味的油、盐、酱、醋和葱、蒜、生姜、花椒、大料等,也指面食、菜肴等做成后或临吃时所加的调味配料。

可以称为佐料的食材是非常多的。每种佐料都有各自的用法和用量,用错的话会适得其反。在中餐中,佐料的地位也有主次之分,非常讲究,有君料、臣料、使料之分。君料相当于君王,占主导地位,是一个配方中用量最大的香料,一般主导配方的主要香型;臣料是大臣,辅助君王,是配方中用量第二多的香料,起到增香的作用;使料相当于士兵,是用量较少的香料,主要起到一些功能性作用,比如去腥、解腻、防腐、增加回味等。这样的描述和细分,能否让你掌握中餐菜谱中"适量"和"少许"之间的微妙差距呢?这道题实在是太难了!我猜有些只做西餐的外国友人如果听说佐料还有这么多类型,对中国美食的做法会更加困惑吧!

佐料重要到有时会胜过主料。有人说臊子是陕西面的灵魂,有人说干碟是重庆火锅的灵魂,有人说烧烤酱是东北大排档的灵魂,总之,缺失了佐料的美食很可能只是一盘苍白的食材。

我来到北京已经三十多年了,北京就有这么一款特色的佐料,令我印象深刻——芝麻酱。在山东是"大饼卷万物",在川渝地区是"火锅配万物",而在北京则是"芝麻酱配万物"。

在北京,芝麻酱的应用真是太广泛了,铜锅、爆肚、面茶、炸酱面,甚至与大白菜混搭调味就能成为一道著名凉菜——乾隆白菜。说得我都有点儿馋了。

说到北京人对芝麻酱的热爱,就不得不提到老舍先生了。汪曾祺先生在《老舍先生》一文中,描绘了老舍作为北京人几乎嗜芝麻酱如命的特点:某年北京芝麻酱缺货,北京市人民代表老舍先生提案,希望政府解决芝麻酱的供应问题,因为"北京人夏天离不开芝麻酱"!老舍先生真的太可爱了。

佐料除了是一日三餐的辅助,还可能是一方水土的文化符号。你的家乡有哪些有代表性的佐料呢?它又出现在哪些美食中呢?相信很多朋友也能说出像老舍先生爱芝麻酱这样有意思的故事来吧。

鳜　鱼

——能入诗画能入口的"斜杠鱼"

"西塞山前白鹭飞,桃花流水鳜(guì)鱼肥。"这首《渔歌子》大家都不陌生,鳜鱼这个物种仿佛也因为这首诗被赋予了千年的诗情画意。《说文解字》有注:"鳜,鱼名。从鱼厥(jué)声。"可见,"鳜"字被用来特指鱼名,作为鳜鱼的专属用字,享受着 VIP 待遇。

"鳜"字并不是那么容易读对的,之前有不少朋友将它读成厥(jué)鱼。慢慢地,为了方便读写,也常用"桂鱼"来替代。鳜鱼是中国四大名贵淡水鱼种之一,稀有而价高,说它是"贵"鱼也名副其实。

鳜鱼能入食、入诗、入画,被美食家、文人、画家捧在心上。你也许见过不少"斜杠青年",但鳜鱼这样的"斜杠你见过吗？

  作为文人的宠儿，鳜鱼在历代诗人的笔下生花。鳜鱼不仅是重情重义之鱼，其独特的美也使它成为"文坛C位"。宋人罗愿在《尔雅翼》中曾经记载了这样一个传说：如果渔翁钓到一条雄鳜鱼，数条雌鱼都会舍身来救，"曳而不舍"。鳜鱼正如古代雅士，重情义、有风骨。而在南宋吴自牧的《梦粱录》和周密的《武林旧事》中，鳜鱼都被称为鲚（jì）鱼。这个鲚是由"罽（jì）"而来，罽是毛织物，古人认为鳜鱼身如罽锦，罽锦丽而且坚，因此称它"罽鱼"，因为"罽"字难写，就写成"鲚"。清人屈大均的《广东新语》中有"鲳（chāng）白鳝（qiú）白鲚花香，玉筯金盘尽意尝"之言，玉筯是玉箸、玉制的筷子的意思。金盘盛着香嫩的鱼，用玉制的筷子尽情吃，这是多么奢侈的美好生活啊。

  细看鳜鱼的外表，憨态可掬。身肥嘴尖，赌气般噘嘴，凶中带萌，颇能入画。清人边寿民曾言："不知可是湘江种，也带湘妃泪竹斑。"

  而作为美食界和诗词界的宠儿，鳜鱼自然也广受钓友喜爱。"朝来酒兴不可耐，买得钓船双鳜鱼"便是他们的真情流露和真实写照。

  鳜鱼好吃，臭鳜鱼更是别具风味。

说起中国的臭味食物，真是数不胜数。如果说榴梿是闻名全国的臭味美食，那么下面这些则不同程度地渗透出某些地域的独特风味：

湘——臭豆腐

桂——螺蛳粉

辽——东北臭酱

粤——小榄蚬蚧（xiǎnjiè）汁、三水臭屁醋

臭鳜鱼的臭味乃是被独特方法腌制后微生物分解所致。作为一道脍炙人口的百年徽菜，它在很大程度上打开了人们对于美食认知的新维度。原来我们不仅可以享受香喷喷的美食，更可以品尝臭烘烘的美味！传说有一个衙役受知府派遣去江边购置鲜鱼，天气炎热，还未送回来鱼就开始发烂发臭。没有完成好任务就难免被顶头上司骂，衙役急中生智，决定死马当成活马医。他找了个铺子，先用盐腌制死鱼，然后烹饪做熟。结果发现，虽然做出来的鱼有一股臭味，但是味道别具一格。毕竟是给上司吃，为了确保万无一失，衙役把做好的鱼免费给百姓品尝，同样也获得了百姓的点赞，他这才敢将"大作"交送给知府，知府盛赞"风味鳜鱼，名不虚传"。从此，臭鳜鱼意外

走红,成为徽州名菜,当地也渐渐形成"鱼不臭不吃"的风俗。

臭鳜鱼在安徽人心里的地位有多高?有网友说,没吃过臭鳜鱼,可不能说自己吃过徽菜哦!如果安徽人要招待客人,那么臭鳜鱼一定是饭桌上的不二之选。闻起来臭,吃起来香,臭到深处方知香,品尝鳜鱼的千层套路正在不断被历代美食家发掘。"干锅臭鳜鱼""汉堡臭鳜鱼""酱香臭鳜鱼""窖香臭鳜鱼"等多种烹调方法,各有风味,人们把鳜鱼吃出了"花"来。你都吃过什么做法的风味鳜鱼呢?

鸡 㙡

——汪曾祺奉它为菌中之王

大家一定都知道"一骑红尘妃子笑,无人知是荔枝来"的典故——杨贵妃喜欢吃荔枝,唐玄宗对她又极为宠爱,就让人从岭南快马加鞭地把荔枝送到长安城。还有一个少有人知的典故,让我们不禁感慨历史总是惊人的相似。相传,明朝的熹宗皇帝朱由校特别喜欢吃云南的"菌中之王"——鸡㙡(zōng)。但是因为鸡㙡娇嫩易变质,采摘之后过一夜香味就会大打折扣,于是他效仿唐明皇千里驿传荔枝的方法,每年都派飞骑从云南收集鸡㙡运送入京。收到鸡㙡后,自私的熹宗皇帝也只舍得分一点点给皇子和得宠的重臣,连正宫娘娘张皇后都无福品尝。

鸡㙡究竟有多好吃,才能让一国之君"吃独食"呢?清乾隆年间著名文人赵翼品尝鸡㙡后,曾赋诗一首:"老饕惊叹应未得，异者此鸡是何族？无骨乃有皮，无血乃有肉。鲜于锦雉膏，腴于锦雀腹。只有婴儿肤比嫩，转觉妇子乳犹俗。"纪录片《舌尖上的中国》里这样说："鸡枞是白蚁培植的极品美味，有美食家认为，鸡枞之所以能在食用菌里独具一格，是因为它在鲜香甘甜、柔嫩爽滑这些共性之外，别有一种动物性的肥美。""刚刚顶出地面，伞盖尚未打开的鸡枞，味道最为动人。"

是的，鸡枞竟然是白蚁这种被人类认为是害虫的小生命培植的。白蚁早在两亿五千万年前就出现在地球上了。鸡枞只生长于白蚁巢上，是与白蚁共生的奇菌。工蚁吞下树叶和杂草，排出体外，形成半消化的草料。白蚁在草料中植入真菌孢子，当雨水渗入蚁巢周围的土壤，在合适的温度和湿度下，草料开始发酵，孢子逐渐形成菌丝，菌丝又生长成子实体——鸡枞。

也因此，鸡枞又叫蚁枞，此外还有鸡松、鸡脚菇的别名。鸡枞和鸡有什么关系呢？《康熙字典》里对枞字（繁体"樅"）的解释是："土菌也。高脚伞头。俗谓之鸡枞。出滇南。"清代田雯在《黔书》中这样解释："鸡枞菌，秋七月生浅草中，初奋地则如笠，渐如盖，移晷纷披如鸡羽，故名鸡，以其从土出，故名枞。"

这种高端的食材要怎样烹饪呢？清代曹树翘编撰的《滇南杂志》中记载："土人盐而脯之，经年可食；若熬液为油，代以酱豉，其味优佳，浓鲜美艳，侵溢喉舌间，为滇中佳品。"

对美食颇有研究的汪曾祺老先生在《昆明食菌》中用"植物鸡"来形容鸡㙡菌："鸡㙡是菌中之王。味道如何，真难比方。可以说这是植物鸡。味正似当年的肥母鸡。但鸡肉粗，有丝，而鸡㙡则极细腻丰腴，且鸡肉无此一种特殊的菌子香气。"

作家阿城在《思乡与蛋白酶》中写道："说到'鲜'，食遍全世界，我觉得最鲜的还是中国云南的鸡㙡菌。用这种菌做汤，其实极危险，因为你会贪鲜，喝到胀死。我怀疑这种菌里含有什么物质，能完全麻痹我们脑里面下视丘中的拒食中枢，所以才会喝到胀死还想喝。"

阿城说："思乡这个东西，就是思饮食，思饮食的过程，思饮食的气氛。为什么会思这些？因为蛋白酶在作怪。"看到他对鸡㙡汤如此致命诱惑的描述，我感觉我的蛋白酶也在作怪了。

04

姓氏篇

撒

——说说小康的一位把自己姓名读错的同事

中国的汉字博大精深，很多我们熟悉的姓氏，字音未见得你真的熟悉。

我的同事撒贝宁，我们都习惯称呼他"小 sà"，但其实这个字在姓氏里面应该读作"Sǎ"，所以只能说"Sǎ"贝宁，你的外号叫"小萨"。

我的前同事哈文，"哈"这个字在姓氏里也不是"hā"，而是"Hǎ"。

还有很多姓氏的读音，容易被大家误读和误解。比如在姓氏中：

"朴"读"Piáo"，不读"pǔ"。

"华"读"Huà",不读"huá"。

"过"读"Guō",不读"guò"。

"区"读"Ōu",不读"qū"。

"訾"读"Zī",不读"zǐ"。

"尉迟"读"Yùchí",不读"wèichí"。

"万俟"读"Mòqí",不读"wànsì"。

这些字在姓氏中,我们要认认真真地把它读对,否则对于这一姓氏的人就不尊重了。

小康说:
别撒萨分不清楚

盖

——遇到这个姓,一定先问清楚怎么读

你有姓"盖"的朋友吗?你读对他的姓氏了吗?

很多朋友会说它读"Gài",也有朋友说这个字在姓氏里面好像应该读"Gě"。其实这两种读法都对。这个字作为姓氏不止一个读音。

我上中学时开学第一天,就认识了一位姓盖的同学。大家问:"你姓'Gài'啊?"他说:"不对,我姓'Gě'。"从此我们知道了,原来这个姓读"Gě"。可是工作之后,我的一位同事,也是一位老大哥,我问他:"您是姓'Gě'吧?"他说:"不对,我姓'Gài'。"我就知道了"盖"字在姓氏当中有两个读音。其实,这个字在姓氏中还可以被读作"Guō"。

我们分别来说一下。盖(Gě)氏之先起于神农氏姜姓,

封于齐。战国时期齐国大夫被封食采于盖邑。食采，古代意思指的是享用封邑的租赋。所以，他的子孙以当时这个邑的名字为姓，就姓了盖。

那么盖（Gài）氏又源于哪里呢？在东汉末年和南北朝时期，在北方地区出现了两支盖氏，其中一支是庐水的胡人，就是少数民族，曾经复姓盖楼氏，后来改为了单姓盖氏，所以盖这个姓是有少数民族血统的。

这个姓也有读作盖（Guō）的时候，与"郭"姓并称，也有"盖郭一家"这样的说法。目前盖姓在山东省东营市的一些地区还能找到。

姓氏的不同读音，源流非常多。我们如今已很难查证这个姓氏到底源自哪里，所以这个姓到底怎么读，有时候也会有一些争议。在《现代汉语词典》（第7版）当中，只保留了盖（Gě）和盖（Gài）这两个姓氏的读音。那么真的姓盖（Guō）的朋友会说，难道我就不姓这个姓了吗？不是这个意思，只是说现在一些基本读音的收录中还没有收录进来。下次如果你遇到了姓"盖"的朋友，一定要先请教一下，你这个姓源自哪里，到底读哪个音呢？

当小康遇到
姓盖的朋友

任

——"任性"与"任姓",读音不相同

听说一位姓任的主任有个小烦恼——大家都叫他"Rèn主任",但其实他的姓读音是"Rén"。

"任"字在《说文解字》里是这样记载的:"任,符也,从人壬声。"这个字是个多音字,它有"rén"和"rèn"两个读音。

"任"字在甲骨文中,左边是一个人,右边是一根骨针,有穿通的意思,"任"就指能够穿过丛林或重围的人。所以后来它的意思引申为相信、使用、负担、由着、职务、无论,等等。用它组词的话,有信任、任人唯贤、担任、就任、任性、任何,等等。它在诗词当中也常出现:清代郑板桥的《竹石》当中,"千磨万击还坚劲,任尔东西南北风",还有大家熟悉

的苏轼的《定风波》,"竹杖芒鞋轻胜马,谁怕,一蓑烟雨任平生"。

但是在三种情况下,"任"字要读作"rén"。第一种情况是作为姓氏;第二种情况是古代的时候,有一些女子也会有爵位,就是读"rén";第三种情况是古代南方有一种民族乐曲,也是"rén"。

说起任姓,是一个非常非常古老的姓氏。相传五千年前,黄帝有二十五子,得姓者十四人,其中有四人是分属两姓的,非常古老的姓氏有十二个:姬(Jī)、酉(Yǒu)、祁(Qí)、己(Jǐ)、滕(Téng)、箴(Zhēn)、任(Rén)、荀(Xún)、僖(Xī)、姞(Jí)、儇(Huán)、依(Yī)。其中,就有任姓。

任姓以北方人居多,分布最多的四个省份是河南、河北、山西、山东。大家熟悉的我的同事主持人任鲁豫就是"Rén"姓河南人。你说他名字的时候读对了吗?

最后还想让大家猜一猜,中国古代四大美女中有一位姓任,她是哪一位呢?貂蝉、西施、杨贵妃、王昭君,四位中有两位有非常明确的姓氏,杨贵妃肯定姓杨,王昭君肯定姓王。那么另外那两位美女,哪一位姓任呢?

答案是貂蝉。她本名叫任红昌,生在任姓较多的山西,十五岁入宫，被王允收为义女。那为什么被大家称为貂蝉呢？因为在汉代，朝臣戴的一种帽子叫貂蝉冠，任红昌曾在宫中管理帽饰，这个官职名就叫貂蝉。

你还知道有哪些大家熟知的任姓人士吗？

原来貂蝉
不是人名

解

——与"谢"同音的姓氏

"解"这个字大家都认识,但是做姓氏时的读音你读对了吗?在姓氏中,"解"不读"jiě",而读解"Xiè"。

"解"字有三个读音:"jiě""jiè"和"xiè"。

读"jiě"时,这个字在《说文解字》当中有记载:"解,判也。从刀判牛角。"意思就是用刀把牛角给剖开,本义是分解牛,庄子就讲过一个庖丁解牛的故事,后来就泛指所有的剖开,又引申为废除、溶化、明白、分析等意思。组词有解剖、解除、溶解、解释、解析,等等。

那么"jiè"呢?唐宋时期,举进士者由地方推荐,送入京城的称为"jiè"。而明清科举时代,乡试也称作解(jiè)试,乡试第一名称为解(jiè)元,唐伯虎就曾经中过解元。另外读"jiè"的时候,还有发送、押送财物或者押送犯人的意思。比如京戏里有一出著名的折子戏,就是《女起解》。

我们再来说说"xiè",这一读音在古代同"懈"和"邂"的意思是一样的,比如懈怠、邂逅。现在还有个成语叫"跑马卖解",指的就是古代一些杂技演员在马上表演各种技艺,以此来赚钱谋生。《现代汉语词典》(第7版)中收录了一个地名,山西有一片湖叫作解池,这里的"解"也读作"xiè"。

说起解(Xiè)姓,这也是一个多民族融合、多源流的古老姓氏。在《万姓统谱》和《通志·氏族略》当中有这样的记载:解氏出于非常古老的一个姓——姬姓。周武王的孙子姬良封地在解邑,所以姬良的后裔子孙,还有他的族人,就大多以先祖封邑名称"解"作为姓氏,就有了解姓。还有其他的源流说法,称有一部分解姓是来源于鲜卑族和满族的。北魏时候大名鼎鼎的孝文帝拓跋宏,大家都知道他是一个汉文化的发烧友。他入主中原以后,就大力推行汉化改革,所以鲜卑族当中有一个姓氏就是解毗(pí)氏。后来这个复姓就改成了单姓,解氏,逐渐融入了汉族,一直传承至今。满族的姓氏里面也有解姓,分别是乌拉氏和乌拉气氏。后来也汉化改了汉姓,也姓解。

你还知道哪些姓是由少数民族从古代改姓而来的呢?

纪

——"铁齿铜牙"纪晓岚到底姓什么

在等级制度森严的封建社会,有个人却敢大不敬地称呼皇帝"老头子",你知道他是谁吗?他是这么解释"老头子"的:皇帝是万岁爷,人活万岁谓之"老";皇帝是臣民之首,谓之"头";皇帝是上天之子,谓之"子",所以皇帝当然就是"老头子"了。

这位才思敏捷的清朝大学士是《四库全书》的总纂官,在中国文化史上做出了巨大的贡献。大家对他并不陌生,可能很多朋友都会说,就是"铁齿铜牙纪晓岚"嘛!名字没错,但是很多人都把他的姓读错了。"纪"在姓氏中并不读"jì",而是读"jǐ"。

《说文解字》对于"纪"的释义为"丝别也",本义就是散丝的头绪。把散落的丝线理清楚了就是有条理，也就是纪律、纲纪所引用的意思。这个字是个多音字，它有"jǐ"和"jì"两个读音。读"jì"的时候，它有多种解释。

一是表示"记载"，义同"记"，比如纪念、纪元、纪实等。我国传统史书有"纪传体"这一体裁，是以人物传记为中心叙述史实，其中"纪"指的是帝王本纪，"传"指的是其他人物的列传。《史记》中就有《秦始皇本纪》《项羽本纪》等篇章。

二是一种记年代的方式。韦曜在《国语注》中写道："十二年，岁星一周为一纪。"古人把岁星（木星）绕太阳一周的用时——十二年称为一纪。现在则指更长的时间，比如一个世纪指的是一百年。

三是表示地质年代分期的第三级。第一级为"宙"，第二级为"代"，第三级为"纪"，还有第四级，为"世"。我们比较熟悉的"侏罗纪""白垩纪"都是地质年代第三级中的时代。

而作为姓氏时，"纪"字要读上声"jǐ"。《列子·汤问》中的神箭手纪昌、随刘邦起兵抗秦的部将纪信，还有我们前面提到的纪晓岚，都姓"Jǐ"。

关于纪姓起源的传说有很多种，其中流传最广的说法有两种。

一种说法是纪姓源于纪族。这个来源相当古老，华夏民族人文先始、三皇之一上古伏羲氏有一位部下叫纪侗，据说出身于上古氏族纪族。舜还未称帝时有一位名叫纪后的老师，也是古纪族的后人。

另一种说法便是纪姓源于姜姓。史籍《元和姓纂》和《通志·氏族略·以国为氏》中记载，西周初年，周武王为了追念先圣和先王的功德，在当今山东寿光东南一代给炎帝的后人划了封地，炎帝后人在这里建立了纪国。后来，纪国因腐败而衰落，亡国后的纪国王族子孙就以故国名为姓氏，称纪氏，世代相传。不过，其他诸侯国被灭后国民大多采用国名为姓，纪国却基本上只有王族的人继承了国姓纪氏。

纪氏族人后来在甘肃天水郡发展成望族，世称天水望。主要堂号有平阳堂、天水堂、高阳堂。唐宋时期，纪姓逐渐往沿海一带迁移，到了明清还迁到了台湾，逐渐发展成为当地的大姓。

不论哪种说法，我们不难看出，纪氏是一个多民族、多源流的姓氏群体。无论源于哪种说法，纪姓都始终读作"jǐ"。你要遇到了姓纪的朋友，可一定要读对人家的名字。

庾

——庾家的故事里有粽香味

说到"庾"姓读作"yǔ"时,总会有朋友问:"它是不是在姓氏里读'Yǔ',日常中读'yú'呢?"我要郑重地告诉大家,这个字不是多音字,无论在姓氏中还是其他情况下它都只有"yǔ"这一个读音。

"庾"字在《说文解字》中的解释是:"水槽仓也。从广(yǎn)臾(yú)声。一曰仓无屋者。"本义是"露天的谷仓"。杜牧在《阿房宫赋》中描摹秦人的奢侈时这样写道:"钉头磷磷,多于在庾之粟粒",说的是阿房宫显眼的钉头比粮仓里的谷粒还要多。后来"庾"字也被用作表示古代的一种籴(dí)粮的容器。

庾作为姓氏,其源流的说法有很多,其中有两种说法都与管理粮库的官职有关。一种说法是，史书《姓纂》中记载，早在上古尧时期，就有了专门管理粮库出入的官员——掌庾大夫。高阳氏以官职为氏，史称掌庾公；另一种说法源于姬姓，周朝设置了一种官职叫"庾廪"，专职掌管粮库和重要物资仓储库。后来，有位庾廪因功被周王赐姓为庾氏，他的后代也就以祖先的官职称谓作为姓氏，一直沿用至今。

到了东晋时期，庾姓成为世家名门，颍川庾氏成为东晋四大家族之一。庾家出了一位文武双全的英才，"魏晋八君子"之一——庾翼。论武，他曾任征西将军，政治上颇有建树；论文，他是著名书法家，擅长草隶，与王羲之齐名。

《晋中兴书》和《南史》中记载了这样一个故事：庾翼领兵在外时，有位友人写信告诉他，他的儿子和侄子都在学王羲之的书法。庾翼很不屑地给这位友人回信道："小儿辈乃贱家鸡，爱野鹜，皆学逸少书。须吾还，当比之。"这个典故演化成了一个成语——"家鸡野鹜"，也作"家鸡野雉"，常用来比喻书法绘画等风格迥异。

多年后，庾翼见到了王羲之写给自己哥哥庾亮的章草尺牍，心悦诚服，给王羲之写信，称他的书法"焕若神明"。从这封信我们可以看出庾翼直爽的个性，也能看出王羲之书法的名不虚传。

也许正因为庾家祖上是掌管粮库的，所以他们对粮食的食材、口感都很熟悉，庾氏族人自制了一味美食——庾家粽，现在大多被称为"碱水粽"，每个粽子中都有糯米、绿豆、腩肉和一颗海鸭蛋的咸蛋黄。唐代时，庾家粽就已非常有名，《酉（yǒu）阳杂俎（zǔ）》的《酒食》篇中说"庾家粽子，白莹如玉"，一度成为宫廷美食。2015年，"庾家粽制作技艺"入选了广东省非物质文化遗产，看起来毫不惊艳的庾家粽，层层粽叶不仅裹住了美味，也裹住了海内外庾氏族人的一缕思乡情。

说了这么多庾姓的故事，最后问你一个问题，我们前面提到了颍川庾氏是东晋四大家族之一，那么你知道其他三大家族是哪三家吗？

答案是琅琊王氏、陈留谢氏，还有龙亢桓氏。当时门阀制度达到鼎盛，四大家族名声显赫。一直到隋朝建立了科举制后，门阀制度才退出历史舞台，于是有了刘禹锡《乌衣巷》中那句脍炙人口的"旧时王谢堂前燕，飞入寻常百姓家"。

树有根，水有源，人有宗。姓氏不仅仅是一个符号，更是中华文化的象征。从我做起，让我们读对每一个姓氏的读音。

员

——中国第一位武状元是谁

大家都听过这样一句话:"文无第一,武无第二",那你知道中国历史上第一位武状元是谁吗?

这要从公元702年,武则天"初设武举"说起。从此每年举行一次武备人才的考试,对考试合格的人授予武职。这一举措扩大了朝廷的选官范围,曾经在唐高宗时期连中八科的员半千应考,一举成为中国历史上第一位武状元。

"员"字在姓氏中读作"Yùn"。其实,如果不是祖上任性,员半千本来不姓员,而姓刘。员半千的十世祖刘凝之是南朝刘宋的忠臣,刘宋被萧齐夺权后,他一怒之下投奔北魏。《新唐书》中的说法是北魏皇帝拓跋焘感佩他的忠烈,赐刘凝之以"员"姓。而据《南史》和《姓氏考略》的说法,刘凝之改姓就纯粹出于任性了。他是春秋时期吴国大夫、军事家伍子胥的"狂热粉丝",因为伍子胥名员,字子胥,自诩忠烈如伍子胥的刘凝之便改姓为"员",过起隐居生活。无论哪种说法,结果都是刘凝之的后人就从此随他姓员了。

员半千的名字原本也不叫半千,而叫余庆。他曾拜学者王义方为师,受到老师的高度赏识,被赞誉为天下五百年才出现一位的贤者。五百为半千,员余庆当仁不让,便从此改名为半千了。

说回"员"字。"员"在《说文解字》中的解释是:"物数也。从贝口(wéi)声。"是量词,本义是指物的数量,后来引申为人数。在《现代汉语词典》(第7版)中,它有三种读音,分别是"yuán""yún"和"Yùn"。读"yuán"时的三个意思我们都很熟悉了:一是指工作或学习的人,二是指团体或组织中的成员,三是量词。读"yún"时,用于人名,就是员半千祖上的偶像,伍子胥,伍员。读"Yùn"时专用于姓氏。

考证员姓的源流,还有一种说法,也与伍子胥有关。《姓氏考略》一书就认为"贠"氏("员"字的异体字)出自春秋楚国伍贠之后。

可能有读者已经注意到了,伍子胥是楚国人,为什么是吴国大夫呢?因为他的父亲和兄弟都被楚王杀害了,他不得不弃暗投明，助吴伐楚。吴王夫差打败越国后，越王勾践请和。伍子胥劝吴王趁机联齐灭越以防后患，但是吴国太宰伯嚭（pǐ）受了越国贿赂，向吴王进谗言陷害伍子胥，使得吴王非但没有采纳伍子胥的建议，反而赐宝剑让伍子胥自刎。伍子胥悲愤至极，留下遗言，让人在他死后将他的眼睛挖出挂在城门上，他要亲眼看着越国军队入城灭吴。夫差听说后震怒，五月初五这天，命人把伍子胥的尸体投入江中。后来，吴人在江边立了祠堂哀悼伍子胥。纪念伍子胥也成了五月初五端午节的一个来源传说。

伍子胥的后人在他死后四散躲避，为了纪念这位名垂千古的先祖，也为了逃避株连的遗祸，便以他的名字员（负）为姓氏，员（负）氏由此世代相传至今。

种

——仲由的后人不姓仲

在孔子的弟子中,大家最熟悉的名字里一定有子路。他是"孔门十哲"之一,明朝嘉靖年间被尊称为"先贤仲子",以政事闻名。古代人们习惯以字号相称,子路就是字,那你知道子路的名吗?

子路姓仲名由。仲由小时候家里很穷,长年靠吃粗粮野菜度日。为了让年老的父母吃上米饭,子路翻山越岭走了百里路,从亲戚家背回一小袋米。这个"为亲负米"的故事被编入了"二十四孝"之中。

但你知道吗?仲由有一支后人不再姓仲,而是改成了种(Zhòng)姓。据《仲氏大宗谱》记载,秦朝时一位隐士叫仲隆,是仲由的第九代孙,他生了三个儿子:仲纲、仲勃、仲动。山东《滕阳种氏族谱》记载了仲由的第十代孙仲动的故事：秦始皇执政的晚期，焚书坑儒，仲动为了躲避灾乱，随父亲仲隆一同隐居在峄（yì）山，把原来的仲姓改成了种姓。自此，种姓就从仲姓中分离出来了。

《说文解字》中是这样解释"种"字的："先种后熟也。从禾，重声。""种"字在古代有两种写法，一种是"穜"，另一种是"種"。两种写法都以指代庄稼的"禾"字为部首，"童"字表示男奴，"穜"这个字就有了利用男奴从事耕作劳动的意思；"重"字表示"背负重物"，"種"这个字的意思就是人背着一捆庄稼。可见造字之初，"种"字就与农耕相关——培植并收获庄稼。在楷书中，"穜"字和"種"字合并，后来又被简化为"种"字。

根据《现代汉语词典》（第7版）的注音，"种"字有三种读音，分别是"Chóng""zhǒng"和"zhòng"。读作"Chóng"时用于姓氏；读作"zhǒng"时，本义是植物的种子，后来泛指生物传代繁殖的物质，逐渐衍生为物种、人种等用法；读作"zhòng"时，表示动作，意思是种植、接种。

在《中国姓氏辞典》中，对种（Chóng）姓的历史来源释为："本为仲氏，以次为氏。仲为排行中第二者。为周代仲山甫之后，为避仇改为种氏。"

仲山甫的封地为樊，在今天河南省焦作，因此他被称作"樊仲山""樊仲山甫"。他大力进行经济体制改革，鼓励农民开垦荒地，发展商业，因此得罪了不少当朝贵族。周宣王逝世后，仲山甫的后人遭到报复，为了逃避仇祸而纷纷逃逸，其中有人改姓为"种"，相传至今。

遇到姓种的朋友，记得一定要先问问他的姓氏读"Chóng"还是"Zhòng"，可能你还会收获他的祖先流传至今的姓氏故事。

05

日常篇

怼

——小康被称为"怼言大师"

"怼"这个字,一度在网络上特别流行,很多网友都用过,一言不合就开"怼"。可是它的读音却很少有人读对。

可能很多朋友会说:这不就是"duǐ"人的"duǐ"吗?你确定你"duǐ"对了吗?请查阅一下我们日常读音遵循的标准——《现代汉语词典》(第7版),你会发现这个字的读音只有一个:不是"duǐ",而是"duì"。

《说文解字》中就能找到这个字:"怼,怨也。从心对声。"它原本的意思就是怨恨。它可以这样组词:怨怼——指怨恨、不满,愠怼——指恼怒怨恨,怼笔——出于怨恨的记载。

像这样一些表达比较书面化的词,在今天的网络环境里已经不太常用了,而大家"怼"起来那么直接,说到组词,张口就是一个"怼人"的怼。

我在《国际锐评》节目中，为了体现我们的立场、态度和气派，也"怼"过一些痴心妄想干涉我们的"黑手"。我们一向是讲道理的，我们的媒体也是讲道理的，对事不对人。但如果一小撮人总是兴风作浪的话，那对不起，我们对事也对人，要"怼"得你灰头土脸，"怼"得你哑口无言。而且"怼"的时候，我们始终气定神闲！

如果你已经很习惯了，就是习惯说"duǐ"，那就给你提供一个正确的"duǐ"字——㨃。

这个字有两个读音：一个是"chéng"，撞击的意思；另一个读音就是"duǐ"，它原本的意思是推、排的动作，可以引申为拒绝、排斥、反驳的意思。所以，如果你习惯了"duǐ"人，就写作"㨃人"。

当然，平时不建议大家经常㨃人，也不建议大家经常怼人。但请大家记住这两个字：如果㨃，伸手；如果怼，用心。

"怼言大师"小康：
粉联播您有眼光

拗

——小康差点儿要"拗断"小编

有一天,我录视频节目录得心力交瘁,因为一直在跟小编探讨其中的一段话到底怎么说。小编原本提供给我的稿子读起来实在是太拗(ào)口了,可是小编执拗(niù),就是不改,气得我差点儿把笔杆给拗(ǎo)断了。

大家有没有注意到,这句话里面的"拗"字有三个读音:

拗口,是指说起来别扭、不顺口。我们常说的"绕口令"又被称为"拗口令"。在《红楼梦》里有一回写群芳开夜宴时,宝玉原本为戏班的正旦芳官起了个番名,叫"耶律雄奴",大家听着不习惯,都跟着取笑,宝玉又把芳官的番名改为"温都里纳"。曹雪芹写道:"众人嫌拗口,仍翻汉名,就唤'玻璃'。"看来无论哪个时代,大家对拗口的字眼都想寻求易读易记的词去替换。

读"niù"的时候,"拗"指的是固执、任性、坚持己见、听不进别人的意见。《西游记》中的沙僧因为两个师兄拦着唐僧去化斋而劝解:"师父的心性如此,不必违拗。若恼了他,就化将斋来,他也不吃。"本来我想让小编提前改一改拗口的文稿,可是录制节目时拿过稿来一看,一个字都没动。遇到一个这么执拗的小编,我太难了!

而读"ǎo"的时候,"拗"是指使物体弯曲,直至折断。鲁迅先生在《从百草园到三味书屋》中写书塾先生读书入神的时候,"他总是微笑起来,而且将头仰起,摇着,向后面拗过去,拗过去","拗"字用得非常传神。

看到我和小编的"矛盾","拗"这个字的读音你记住了吗?

小康对小编的
严厉警告

呱

——小康也爱拉呱儿

给大家出个谜语：婴儿出生——打一个成语。

猜出来了吗？非常简单，呱呱（gūgū）坠地。可能有的读者马上会问：我这么多年一直读的是"guā guā"坠地啊。

其实，"呱"字在字典里有三个读音，其中读作"gū"时是拟声词，专指婴儿的哭声。

"呱呱坠地"指婴儿出生，或是形容新事物的诞生。李大钊先生在《晨钟之使命》这篇文章中就写过这样的话："《晨钟》所以效命于胎孕青春中华之青年之前者，不在惜恋黭黮（yǎnyǎn）就木之中华，而在欢迎呱呱坠地之中华。"

呱读作"guā"时也是个拟声词，它用在"呱嗒呱嗒"这个词中,形容清脆、短促的撞击声。

这个字还有第三个读音,"guǎ"。人们常说"拉呱(guǎ)儿",在方言当中,指的是闲谈、聊天。有的电视台就曾经推出一档叫作《拉呱》的节目,主持人用当地方言主持节目,将曲艺形式融入新闻节目中,乡音一出口,就让观众感觉非常亲切自然。

和大家"咬文嚼字"之后,我也准备去找个朋友,拉呱儿去。

小康爱拉呱儿

绢　花

——"非遗"中不凋零的花

有一种永不凋零的花,已经被列入国家级非物质文化遗产,它是北京绢(juàn)花,也被称作"京花"。

很奇怪,"手绢"这个词中的"绢",我们都知道读作"juàn";可是"绢"和"花"组合在一起,我们就下意识地把这个字读作"juān"。在这里要提醒大家,"绢"这个字只有一个读音:"juàn"。

这种花为什么是"非物质文化"呢?因为绢花似花不是花。

《说文解字》中,"绢"的释义是"缯(zèng)如麦䅌(juān)。从糸肙声",意思是像麦茎颜色的丝织品。《现代汉语词典》(第7版)中对"绢"字的解释是"质地薄而坚韧的丝织品,也指用生丝织成的一种丝织品"。"绢花"

字面意义就是用绢制成的花。它是以丝绸、绫绢、电力纺、洋纺等为原料，经过浆料、凿活、染色、握瓣、粘活、攒活、包装等多道工序之后制作出来的。无论是古代宫廷、民间还是现代生活中的婚丧嫁娶，打造仪式感都少不了绢花。

使用绢花的"名场面"莫过于《红楼梦》第十八回元春省亲时所到的"蓼汀花溆"一处。当时正值元宵，未到花开时节，"柳杏诸树虽无花叶，然皆用通草绸绫纸绢依势作成，粘于枝上的，每一株悬灯数盏"，贾府一派太平气象，富贵风流，让元春默叹奢华过费。

其实早在一千七百多年前，我国就已经有了使用人造花的记录。唐代许嵩所撰的六朝史料集《建康实录》记载，晋惠帝"令宫人插五色通草花"。到了唐代，画家周昉有一幅著名的《簪花仕女图》，画中就有当时宫中女子簪花戴彩的情景。相传唐玄宗的宠妃杨玉环鬓角上有一块疤痕，于是她每天都要让宫女们采摘鲜花，以花遮挡鬓角。可是到了冬天，万物凋零，自然也没有了鲜花。有一个心灵手巧的宫女就用丝绸、绫绢做成假花头饰献给贵妃。后来，这种假花头饰传到民间，逐步发展成独具风格的绢花。新疆吐鲁番阿斯塔那唐墓出土的文物中有一束百合与蝴蝶兰的绢花，历经一千多年的岁月沉积，仍然栩栩如生，毫不过时。

要问哪里的绢花最有名,有这样一句话:"天下绢花出北京,北京绢花出花市。"花市的具体坐标在北京崇文门外花市大街,"逢三土地庙,逢四花市集"。明朝时,花市上的小贩常背着硬纸匣子售卖各种绢花。记录清代北京风俗的杂记《燕京岁时记》中记载:"花儿市在崇文门外迤东,自正月起,凡初四、十四、二十四日有市。市皆日用之物。所谓花市者,乃妇女插戴之纸花,非时花也。花有通草、绫绢、绰枝、摔头之类,颇能混真。""百户千家花如锦,不似春时也醉人"这句口耳相传的诗句颇能脑补出花市的繁荣。崇文门外的这条街也因花得名为"花市大街",巅峰时期有几十家花店,售卖绢花,也售卖鲜花。

1937年卢沟桥事变,北平沦陷,抗战全面爆发,人们无心再买花卖花,花市从此风光不再。但是"花市大街"这一地名却保留至今。

老北京有很多做绢花的老艺人,被亲切地称为"花儿金""花儿刘""花儿高"。据说"花儿刘"刘享元做的绢花像真花一样能吸引蜂蝶,他的作品还曾经拿过巴拿马国际博览会大奖。

据"花儿金"第五代传承人金铁铃介绍,绢花的制作工序十分复杂,少则十几道工序,多则几十道工序,平均一件作品要花上两三个月的时间。

在生活节奏越来越快的今天,这种匠人精神已经非常稀缺,令人感佩。希望大家在记住绢花读音的同时,也不忘我们优秀的传统文化,记住"匠人精神"。这样我们的生命力也会像绢花一样不凋零。

冠

——听小康讲李白杜甫的故事

"无边落木萧萧下,不尽长江滚滚来。"这两句气势磅礴又对仗工整的唐诗名句出自杜甫的《登高》。明代学者、诗人胡应麟在《诗薮》中对《登高》一诗做出了极高的评价:"五十六字,如海底珊瑚,瘦劲难名,沉深莫测,而精光万丈,力量万钧……然此诗自当为古今七言律第一,不必为唐人七言律第一也。"因此,这首诗就被世人称为"七言律师之冠"。

说到这个"冠"字的读音,大家一定认为想读错都难,因为我们经常说到的"冠军""夺冠""冠名"等词中,"冠"字都读作"guàn"。

不过,杜甫曾写过这样一句诗:"冠盖满京华,斯人独憔悴。"这里的"冠"就要读作"guān"了。

"冠"字的读音有什么规律可言吗？这就要从战国时间说起了。

战国时期，"冠"字是这样写的：𠨍，上部从冃（mào）、下部从元。"冃"就是帽子，旁边下垂的两笔表示帽边下垂的绑带，"元"表示戴帽子的部位——头部。到了篆文中，两边下垂的笔画简化成了表示覆盖形状的"冖"（mì），同时在"元"字右下加了"寸"字。"寸"是象形字，象人手形，所以"冠"就有了用手把帽子戴在头上的动词的含义。

"冠"这个字在《说文解字》中的释义是："絭（juàn）也。所以絭发，弁冕之总名也。从冖从元，元亦声。冠有法制，从寸。"南唐文字训诂学家徐锴在《说文解字系传》中解释道："絭音卷，卷束也。""冠"字指的是用来卷束头发的饰物。"冠有法制"是指戴帽子有尊卑等级制度约束。兵书《尉缭子》写道："天子玄冠玄缨，诸侯素冠素缨，大夫以下，练冠练缨。"此外还有"士冠，庶人巾"的说法——达官贵人戴冠，庶民百姓戴巾。

《现代汉语词典》（第7版）中，"冠"字有两个读音，分别是"guān"和"guàn"。读"guān"的时候表示名词，指帽子或者形似帽子的东西；读"guàn"的时候表示动词，指的是戴帽子，后来也引申为位居第一名——冠军。

说回杜甫的诗句:"冠盖满京华,斯人独憔悴。""冠盖"本义是古代官吏用的帽子和车盖,在这里用来指代长安城中的达官显贵,因此要读作"guān"。

这两句诗的意思是:长安城中达官贵人比比皆是,只有你一人潦倒失意。你知道杜甫的这首诗是形容谁的吗?相信你应该猜到了,就是他的"偶像",诗仙李白。

从《杜甫传》中可知,杜甫和李白的故事要从天宝三年说起,当时李白刚刚被唐玄宗"赐金放还",但是依然诗名显赫。用闻一多先生的比喻来说,他像光芒四射的太阳,而杜甫还是个新人,像光芒未露的月亮。二人在东都洛阳相遇,一见如故,携手共游,举杯畅饮,谈论诗文。后来他们一同到了齐州,李白要到紫极宫去领受道教的符箓,杜甫希望在仕途上得人举荐,就去拜访北海太守李邕。但是最终李白没能如愿地领受到道箓,就辞别了杜甫和李邕。临别时,李白和杜甫约定来年秋天在兖州相会。

天宝四年,二人依照约定在已改称为鲁郡的兖州重逢。这次结伴同游更加酣畅,他们白天放歌同行,醉后同榻而眠。可是天下没有不散的宴席,二人依依不舍,却终归要离别。他们都未曾想到,这一别从此天各一方,再也没能相见。

后来李白因在"安史之乱"中依附永王李璘而获罪。杜甫听闻此事，悲愤至极，忧思成梦，写下两首《梦李白》，表达了他对李白的仰慕之情和对李白获罪的愤愤不平之意。"冠盖满京华，斯人独憔悴"，诗仙李白这样一个了不起的人物，一生潇洒，晚年却被流放夜郎，"千秋万岁名，寂寞身后事"。有人说，杜甫写出这两句诗的时候，何尝不是在对自己的一生作注呢？可是我们相信，杜甫和李白都不会寂寞，穿越岁月长河，他们与我们同在，他们与每一个时代同在。

在为诗仙李白的命运惋惜感叹、为杜甫的拳拳之情感动的时候，请你要记住"冠"这个字，如果表示名词的时候，读作"guān"；如果表示戴帽子的动作或者位居第一的时候，要读"guàn"。

囝

——小康说自己不是天囝成员

"央视 boys"一度合体,做了一场直播。好多朋友把我们称为"主持天囝",这实在不敢当,我们只是用工作中的一点点努力,不断地给我们的职业加一点点分。

我们的职业确实和"口"与"才"有一点儿关系。不过"囝"字外面大大的"囗",其实不读"kǒu",它读"wéi",在古代就是"围"字,把四周围起来的意思;它还有个读音是"guó",在古代就是"国"的同义字。

"囝"字在《说文解字》当中是这样解释的:"从囗(wéi),专声。"《说文解字》当中所谓的从某字,某声,就是从我们汉字当中的会意和形声来判断的。通常说会意就是这个字和哪个字在意义上有更多的关联;某声,就是这个字的读音和哪个字的读音归于一类。

团字"从囗",它的字形和大大的"口"字相关,而"专声"就是和"专"这个音更接近。

我们经历了战"疫",大家可能会对和"团"字有关的一些词感受更深,比如说团结——战胜这次重大的疫情,需要所有人的团结。我们共同的团结合作,才是战胜疫情最有力的武器。

还有一个词就是"团圆"——我们那些做报道工作的同事,还有"逆行者",他们都撤离了疫区,回到了家乡,和家人再一次团圆,我想我们再没有比这个时候对团圆感受更深的了。

说回"天团",我们不是天团,但是我会把这个词送给所有的医务工作者,天团,你们是当之无愧的。

小康心目中的
天团是什么样的

云

——我们在云上见证中国速度

互联网时代,宅在家里的时候,我们会通过很多线上的方式为自己"云充电",与家人和朋友进行"云陪伴"。央视频也是一个大家进行云陪伴和云充电的非常重要的渠道,小编就曾特别自豪地打开央视频APP跟我说:你看我们的央视频上有多少方式,从"云监工""云充电""云歌会"到"云招聘""云陪伴""云守护"……他一一给我介绍个遍。央视频确实增加了很多的内容,也推荐大家都去看一看。

我们曾经想象过,每天最好不用赶公交、地铁去上班,最好能在家里办公,没想到疫情催生了更多通过线上进行交流、工作的方式。

所以我们就来说一说"云"字。繁体的"云"是"雲"。

《说文解字》中记载："山川气也。从雨，云象云回转形。凡云之属皆从云。"后面还有一句容易被忽略的话："云，古文省雨。"在甲骨文和金文中，"云"上面是没有"雨"的，到小篆体时人们才有了"雲"的写法，用"雲"表示云彩的本义，而"云"字用作引申义，比如形容多、盛的"云集"；假借说话的"诗云""古人云"。

特别值得一提的是在我们中国古典诗词中，云的意象非常丰富，望云思友，见月怀人，是诗词当中经常用到的手法。

诗仙李白的"浮云游子意，落日故人情"使离别变得浩荡；诗圣杜甫的"思家步月清宵立，忆弟看云白日眠"把思念写得委婉；诗佛王维"行到水穷处，坐看云起时"抒发宁静超脱的情怀；更忘不了元稹的"曾经沧海难为水，除却巫山不是云"，那是一种深沉真挚的爱意表达。

但即使以"诗仙""诗圣""诗佛"的想象力，应该也很难想象出我们今天所说的"云"成了互联网的一种比喻。

2020年，我们央视频直播武汉开建的防治传染病医院火神山医院和雷神山医院的建设工地时，上亿人次的热心网友因为无法到现场支援建设，就自称"云监工"，通过直播镜头"监督"医院的建设进度，在云平台上见证了中国的雷霆速度。

"云监工"一词也因此入选了2020年度由国家语言资源

监测与研究中心发布的十大网络用语。

"云监工"的工程竣工了。今天,你继续"云充电"了吗?

体验小康的
"云陪伴"

俭

——让人知易行难的字

有一个汉字,它小篆体是这样的:左半部分是一个侧身站立的人,右边的上半部分是一张倒着的嘴巴,下面是两个人张着嘴巴在说话,表示人前人后要言行一致。

《说文解字》对"俭"字是这么解释的:"俭,约也,从人佥(qiān)声。"清代学者段玉裁在《说文解字》的注中对"约"字又做了一番解释:"约者,缠束也。俭者、不敢放侈之意。"是说俭就是不能够放纵,不能够奢侈。俭字的本义是对自己加以约束。《周易》在解读"否"这一卦象的时候用了这样一句话:"君子以俭德避难,不可荣以禄。"说的是君子要用俭朴的德行来避免危难,而不要荣耀于一时的食禄。后来"俭"字引申为节省、节约,不浪费、不放纵的意思。

在中华民族的传统美德当中，勤俭节约一直都是非常重要的部分。有两句诗相信大家都熟悉："历览前贤国与家，成由勤俭破由奢。"这是唐代李商隐的著名诗句。小到一个人、一个家庭，大到一个国家、整个人类，我们要想生存发展，都离不开勤俭节约这样的优良品质。

《春秋左氏传》当中记载，大夫御孙向鲁庄公进谏说："俭，德之共也；侈，恶之大也。"节俭是最大的品德，奢侈是最大的恶行。宋代司马光在为儿子司马康撰写的家训《训俭示康》中也引用了这句话。

今天我们的物质生活、精神生活都得到了非常明显的改善和提升，但是无论我们国家发展到什么水平，无论我们的生活改善到什么地步，艰苦奋斗、勤俭节约这个思想是永远不能丢的。全国都在开展拒绝餐饮浪费的行动。习近平总书记对这一点做出的重要指示指出：餐饮浪费现象，触目惊心、令人痛心！"谁知盘中餐，粒粒皆辛苦。"我想再次提醒大家，一粥一饭，一颗一粒，当思来之不易，桌清、盘清、碗清、碟清，杜绝餐饮浪费。厉行节约，反对浪费，适量点餐，光盘行动，就从你我做起。

最后还想送给大家我很喜欢的一句话，是诸葛亮在《诫子书》当中说的："静以修身，俭以养德。"

犇

——小康祝朋友们"犇"向幸福！

"犇（bēn）腾向前"，我们在牛年送祝福时常用这四个字。可能有的朋友困惑了：这个字不应该写作"奔"吗？

三个牛组成的"犇"字，其实是"奔"字的异体字。"犇"的本义指的是"牛惊走"，从字面上看就是三头牛一起往前跑。这个"犇"字多用于姓氏、人名，比如说我认识这个字就是因为有一位电影表演艺术家叫牛犇。当然其他的含义就和"奔"一样了，表示奔走、奔腾、奔流，等等。

我忽然发现"犇"字成了网络上很流行的祝福语之一，比如牛年到来之际，大家会彼此祝福："祝你牛运犇来。"这个时候，"犇"的意思我们可以理解为比牛更牛，牛牛牛，这是一种喜庆的、非常热烈的祝福。

在中国传统文化当中,牛代表着诚实、可靠、勤奋,我们有很多歇后语当中都会提到牛,比如:黄牛咬黄连——吃苦耐劳。老牛拉座钟——又稳又准。九牛爬坡——个个出力……总之都是褒义的形容。

同时,牛也被大家看作一种力量和决心的象征。所以说大家都期盼着能"牛"转乾坤,相信中国人民一定能拿出"初生牛犊不怕虎"的精神,去迎接新挑战,饱含着气吞斗牛的锐气去创造新的纪录,更会用使不完的牛劲儿去刷新新的目标,三牛鼎力"犇"向幸福。

"犇"字也特别像是一家牛,整整齐齐、团团圆圆,所以也有很好的寓意。而在汉字当中像这样一家人整整齐齐、团团圆圆的字还有很多,比如三个水是淼,三个金是鑫,三个土是垚(yáo),等等。还有一些字可能大家不太熟悉,今天我们一块介绍给大家:

三个贝是"赑"(bì),它用作形容词的时候表示用力的样子,用作名词就是传说当中像龟的动物。

三个羊是"羴"(shān),有的朋友会觉得羊肉好膻啊,这个字就是"膻"的异体字,表示羊肉的味道。

三个田是"畾"(léi),它是古代一种藤制的筐子,古时候"畾"字也和"打雷"的"雷",还有"壁垒"的"垒"字是同样的意思。

三个鱼是"鱻"（xiān），它是形容很新鲜、鲜明的意思。

央视频的小编还给我讲了一个故事，说有个同学姓鱼，这个姓氏本身就很特别了，结果你知道这个同学叫什么吗？叫鱼（yú）鱻（xiān）鱇（yè）。上课点名的时候老师发愁了，这个名字怎么念，于是只好灵机一动，问："有个名字叫'八条鱼'的那'条'同学来了没？"还问他是不是五行缺"鱼"。

当然，这只是开个玩笑。我们给自己起笔名或者给孩子起名字的时候，都希望名字更特别一些，但名字最重要的作用还是让别人认识你，记住你，对不对？如果这个名字别人都不认识，那这个"特别"真的太特别了。

我们一起
"犇"小康

胖

——每逢佳节胖三斤

"初一到十五——打一个字",你能猜出来是哪个字吗?提示你一下,想想看,初一到十五是多长时间?半个月。"月"和"半"组在一起——谜底就是"胖"。

很多朋友尤其是女孩子一听到这个字,就立刻退避三舍,觉得胖简直是人类的天敌。其实,"胖"字最初所指代的意思和我们现在有所不同。《说文解字》中是这样解释的:"半体肉也。一曰广肉。"这个时候它指的是祭祀用的半边牲肉。要特别注意的是这个"牲肉"可不是现在我们经常说的生熟的"生肉",它指的是用来祭祀的牲畜的肉。于是有人说,连牲畜长胖了都会被当成祭品。后来"胖"字果然就演变成现在的形容人体内含的脂肪多的意思。

提到了"胖"字，我们怎么能不再讲讲"瘦"字呢？《说文解字》中对"瘦"字的解释是"瘦，臞（qú）也"，而"臞"在《说文解字》中的释义是"少肉也"，所以"瘦"和"胖"是一对反义词。

我们都知道胖通常是不合理饮食、缺少锻炼造成的，每逢佳节胖三斤。想不胖的话没别的办法，管住嘴，迈开腿，还不赶紧锻炼去！

可能有朋友会说，我不怕胖，我心态好，我心广体"pàng"。错了，你这不是心广体"pàng"，你是心广体胖（pán）。"胖"字还有一个读音，就是"pán"。它出自四书《礼记·大学》当中的话："富润屋，德润身，心广体胖。"意思是说一个富有的人，因为有经济实力，房屋自然就会装饰得华美；一位修心的君子，因为内心真诚，德就会在他的生命中显现，他就会表现为心地广博，身体舒展。

可能你要说了，我要是"穿越"回唐代就好了，唐朝不是以胖为美吗？确实有"环肥燕瘦"这个成语，说唐朝的杨贵妃比较胖。这个词的出处是苏东坡在《孙莘老求墨妙亭诗》中的"短长肥瘦各有态，玉环飞燕谁敢憎"这句。但是杨贵妃真的胖吗？诗仙李白曾经为杨玉环作了三首《清平乐》，都没有提到杨贵妃的身材，那我们不妨看看其他诗作。陈鸿在《长恨歌传》中描写杨贵妃:"鬓发腻理,纤秾中度,举止闲冶。""纤"的意思是纤细,"秾"是指丰腴,所以这句诗是在说杨玉环的身材匀称。白居易在《长恨歌》中这样形容杨贵妃:"侍儿扶起娇无力,始是新承恩泽时。"杨贵妃"娇无力"的仪态,就算胖应该也不至于胖到夸张。盛唐究竟是不是以胖为美,在诗句中已经不可考证了,在盛唐的画作中去感受,仕女们除了"面若银盘",似乎也不算胖。

很多朋友现在对身材都特别焦虑,还发起过"反手摸肚脐""锁骨放硬币"等挑战,对身材都已经到了吹毛求疵的地步了。过度肥胖肯定是不好的,但是为了减肥变得太瘦对身体也是有危害的,"纤秾中度"的健康才是最美的状态。

小康说的这个字
你敢面对吗

行

——热爱一行、坚持一行,就一定行!

大家之前有没有注意到,在"咬文嚼字"小课堂中,我们"咬"得最多的、"嚼"得最多的有一类字——多音字。汉语为什么被称为世界上最难学的语言之一?就是因为很多我们觉得很熟悉的字,其实它有不止一个读音。甚至好几个读音。

就比如这个绕口令:"人要是行,干一行,行一行,一行行,行行行;要是不行,干一行,不行一行,一行不行,行行不行。"我觉得只要你热爱一行、坚持一行,就一定行。这段绕口令里面就出现了这样一个多音字——行,"xíng"和"háng"两个读音。

根据《现代汉语词典》(第7版)记载,这个字还有其他的没有在这个绕口令里出现的读音:"hàng"和"héng"。

读作"hàng"时有一个词叫作"树行子",它是指排成行列的树木、小树林;读作"héng"的时候有一个词语"道行",在口语中经常出现,它原本的意思是僧道修行的功夫,后来泛指技能本领。

对于"行"的"行走"义项,《尔雅》中记载了各式各样行走方式的专属用词:"室中谓之时,堂上谓之行,堂下谓之步,门外谓之趋,中庭谓之走,大路谓之奔。"我们知道有一个成语"亦步亦趋",这个词出自《庄子·田子方》中的"夫子步亦步,夫子趋亦趋"一句。这句话的意思是老师走学生也走,老师跑学生也跑。后来,"亦步亦趋"就演变为成语,用来比喻自己没有主张,或者是为了讨好别人,每件事都效仿或依从别人,跟着人家行事。

《说文解字》中是这样解释"行"字的:"人之步趋也。从彳(chì)从亍(chù)。凡行之属皆从行。"段玉裁注解时解释道:"步,行也。趋,走也。二者一徐一疾。皆谓之行。"无论是人们在路上缓慢步行还是急匆匆地小跑,都叫作"行"。

我们把"行"字拆解开来看,是"彳"和"亍"两个字。段玉裁注释《说文解字》说:"彳,小步也;亍,步止也。"这两个字还能组成一个词,"彳亍"。它在《现代汉语词典》(第7版)中的意思是慢步走、走走停停。

诗人戴望舒在那首著名的诗作《雨巷》中，描写了一个"丁香一样地结着愁怨的姑娘"：

她彷徨在这寂寥的雨巷，
撑着油纸伞，
像我一样，
像我一样地
默默彳亍着，
冷漠、凄清，又惆怅。

这首诗写于1927年夏天，当时全国正处于白色恐怖之中，戴望舒在孤寂中咀嚼着大革命失败后的幻灭与痛苦，迷惘中仍怀着朦胧的希望。诗人自己就是"丁香一样的姑娘"，高洁美丽，却含着哀愁。

后来的故事大家都知道了，"星星之火，可以燎原"，革命先辈创造了奇迹、取得了胜利。

所以说，无论你在做什么工作，遇到了什么困难，都要记住一个道理："三百六十行，行行出状元。"只要你爱岗敬业、认真负责，就一定行！

彩蛋：干一行
行一行的青涩小康

券

——小康劝你把"券"读对

今天我们来说一个经常用到的字——"券"。有的朋友会说这个字很简单,读"quàn"。没错,但是大家在生活中的时候往往会误读,变成了入场"juàn"、优惠"juàn",有的商家在宣传的时候也用了这个错误读音,甚至误用成了"卷"这个字。但在今天我们"嚼"了这个"券"字之后,你可不要再读错这个字的音了,遇到别人读错的时候,也要帮他纠正过来。

《说文解字》中对"券"这个字有这样的解释——"券,契也。""券别之书,以刀判契其旁,故曰契券。"它的本义是契据,主要用在买卖或债务上,在简牍上书写好约定后,用刀将简牍分为两半,契约双方各执一半作为凭证。有点儿像我们今天的合同。

在《现代汉语词典》（第7版）中，"券"字有两个读音，分别是"quàn"和"xuàn"。读作"quàn"时的意思是票据或作为凭证的纸片；读作"xuàn"的时候，有一个词，"拱券"，指的是桥梁、门窗等建筑物上呈弧形的部分。

《战国策》中记载了这样一个故事："战国四公子"之一孟尝君有一个门客叫冯谖（xuān），曾经为孟尝君前往封地薛地去收债。临行前，冯谖问道："债收完的话买什么回来呢？"孟尝君说："您看我家里缺什么就买什么吧。"

冯谖到薛地，派官吏把该还债务的百姓找来，核验契据。核验完毕后，他假借孟尝君的命令，当场把债券烧掉，免除了所有的借债人的债款。百姓高呼万岁。冯谖回来后对孟尝君说："您曾说过'缺什么就买什么'，我考虑到您宫中积满了珍宝，马房多得是猎狗、骏马，后庭多得是美女，您家里所缺的只不过是'仁义'罢了，所以我用债款为您买了'仁义'。"

后来，孟尝君被齐王解除相位，无奈只好回到他的封地薛地去。没想到当地人扶老携幼，都在路旁迎接孟尝君到来。孟尝君见此情景，才明白了当时冯谖为他买的"仁义"。这个时候，冯谖对孟尝君说："狡猾机灵的兔子有三个洞，才能免遭死患；现在您只有一个洞，还不能放松戒备。请让我再去为您挖两个洞吧。"看到这里，读者们应该很熟悉了吧，冯谖所说的话后来就演变成了一个成语——狡兔三窟。

《战国策》原文中用了这样一段话："使吏召诸民当偿者，悉来合券。券遍合，起，矫命，以责赐诸民。因烧其券。"来描写冯谖为孟尝君买仁义的场景。这里频繁出现的"券"字指的就是当地居民的债务合同。

后来，"券"字又引申成了可以当作凭证的物件。我国古代有一种特权凭证叫作"丹书铁券"，也就是我们经常听到的"免死金牌"。"丹书铁券"起源于汉朝，汉高祖刘邦为了巩固统治、笼络功臣，以铁为券，以丹书之，做成了"丹书铁券"颁发给功臣、重臣。但是在这个时候，"丹书铁券"还没有成为"免死金牌"，仅仅是一种荣誉凭证，到南北朝时期，它才有了免死的权利。

最后我们说回"券"字，"打折券""优惠券"在今天已经成为日常生活中的高频词，请一定记住，网购的时候不要问有没有优惠"juàn"了，要记得，这个词读作优惠券（quàn）。

卡

——从被"卡脖子"到惊艳世界

"独桅(wéi)孤灯船倒影",听起来很富诗意的一句话,其实是个字谜。

谜底是:卡。

我们来拆解一下:"卡"的上半部分是"上",一长横就是一叶孤舟,一竖就好比一根桅杆,短横就像桅杆上悬挂的一盏孤灯;而下半部分"下",就是这只船的倒影。

在《现代汉语词典》(第7版)中,"卡"字有两个读音。一个是"kǎ",解释为卡路里的简称、卡片、磁卡、录音机上放置盒式磁带的仓式装置、卡车。我发现在读"kǎ"这个音的时候,大部分情况下它都出现在音译词中,比如卡宾枪、卡丁车、卡拉OK、斯里兰卡,等等。它的另一个读音是"qiǎ",

当读"qiǎ"的时候，似乎与它的结构更贴合。不上也不下，夹在中间，不能活动，鱼刺卡在嗓子里，就读"qiǎ"；也指把人或财物留住，比如开支卡得很紧。读"qiǎ"时常见的词语有发卡、关卡，不常见的是，它作为姓氏时也读"qiǎ"。而它最容易被读错的时候，应该就是"卡脖子"这个词了。在这里，卡的意思是用手的虎口紧紧按住。

说到"卡脖子"，大家可能会想到芯片。芯片关系到国家的竞争力和信息安全，芯片之争说得再精确一些，是半导体技术之争。回溯中国芯片的发展史，绕不开我国第一部全面论述半导体的教材——《半导体物理学》。1958年，这部在当时全世界都可称权威的芯片专著的问世成了中国芯"破冰"的教科书，作者是一位女物理学家，她就是"中国半导体之母"，也是中国芯片事业的"破冰人"、中华人民共和国第一位女校长、复旦大学唯一一位女校长——谢希德！

1950年，抗美援朝战争爆发，不久，钱学森被软禁，美国禁止所有理工类中国留学生回国，谢希德也不幸"上榜"，成了美国的监视对象。1952年国庆节，谢希德躲过重重盘查，终于回到了祖国的怀抱。

不久，谢希德被调到复旦大学任教，在那个计算机还是由电子管组成、动辄占据几间屋子的年代，谢希德便敏锐地意识到,半导体科学将改变今后的计算机科学。她果断改变自己的研究方向,投身半导体物理学的研究。

1956年,国家要建立自己的半导体人才储备,希望谢希德来北京主持工作,当时她的儿子出生仅5个月,她几乎没有犹豫,只身来到北京,在北大半导体培训班里,她一面给学者们教授半导体科学,一面和同事一起从零编写属于中国自己的半导体教材——《半导体物理学》,在她的努力之下,中国诞生了第一枚单晶硅、第一块半导体材料和第一支晶体管。

如今已87岁高龄的中国科学院院士王阳元是微纳电子学家。1956年,他成为北京大学半导体物理专业的第一批学生。他和同事们用七年钻研换来中国集成电路事业的突破。1975年,中国拥有了第一块1024位MOS动态随机存储器。1993年,我国第一个按软件工程方法开发的超大规模集成电路计算机辅助设计系统问世,一举打破西方的封锁和禁运。

王阳元说:"我们不攻克这个难关死不瞑目,人家卡我们的脖子,我必须得把这个问题解决掉。这种国家最需要的时刻,正是我们科学家们献身报国的最好时机。"

2021年,海南省考生吴京泰以满分900分的成绩被清华大学未央书院录取,他的专业是数理基础科学+微电子科学与工程,这个"破壁少年"立志投身这一国家"卡脖子"关键领域,希望将兴趣与国家发展需要结合起来做出属于自己的贡献。

除了芯片,我国农业的"芯片"——种子,也面临"卡脖子"问题,这些年来,以袁隆平院士为代表的科研、产业人员用持续不断的努力守护着农业的中国"芯"。但你可能不知道的是,在素有"中国马铃薯种薯之乡"美誉的克山县,约1/2的马铃薯种子都是来自美国的"大西洋"品种,现在我们餐桌上最常见的白萝卜,种子大部分来自韩国。

我们被"卡脖子"的地方还不止这些……

中华人民共和国成立之初,发展工业石油"卡脖子",铁人王进喜发出"有条件要上,没条件创造条件也要上"的呐喊。

改革开放之初,买电力设备,连草皮和水龙头也要一起买!

1980年,64岁的刘华清将军在美国航母上踮脚观看的照片让人"泪目",2022年6月17日,首艘弹射型航母福建舰下水,引得全网沸腾!

逆风的方向,更适合飞翔,中国科技发展从不缺少自力更生、努力奋斗的孤勇者。曾经,我们把那些进口的商品都加一个"洋"字:洋火、洋钉、洋灰、洋油……如今,中国航天、中国交通、中国桥梁、中国新能源、中国纺织、中国核电……这些中国名片让世界惊艳!

当小康聊起"卡脖子"的话题

症

——小康带你一起见证神医的逆袭

今天,我们的"咬文嚼字"要从"强迫症"开始讲起。首先,"强迫"读作"qiǎngpò"而不是"qiángpò"。不过我要说的重点不是"强",而是另一个隐藏的易读错的字——"症"。

"症"其实有两个读音。在《现代汉语词典》(第7版)中的解释,当它表示疾病的意思时,读"zhèng",比如我们常说的病症、急症、症状、症候。

当症候发展成症候群,就成了综合征。这是一个我们时常用错的字。"征",意思是征象、表征;症,意思是疾病、病症。在表示具体的疾病时,用"症";在表示疾病的症状时,用"征"。

比如败血症、癌症,唐氏综合征、帕金森综合征。此外还有一些我们自命名的病症:"节后综合征""假期综合征",通常表现为头昏脑涨、睡眠混乱、沉迷假期无法自拔、精神不振、上班恐惧。希望大家假期过后都能注意调节身体,保持身心健康,不要集体"发病"哦。

"症"的另一个读音是"zhēng"。这里并不是综合征,而是解释为中医所说的腹腔内结块的病,也比喻事情弄坏或不能解决的关键,比如词语"症结"。

而成语"洞见症结",就出自太史公司马迁笔下的《史记·扁鹊仓公列传》。我们都知道扁鹊是神医,可是你知道他姓什么吗?他在成为神医之前是做什么工作的呢?

《史记》中记载,扁鹊姓秦,叫越人。年轻时是"舍长",不是宿舍长,是春秋战国时客馆的主管。有个叫长桑君的客人到客馆来,只有扁鹊认为他是一个奇人,时常恭敬地对待他。长桑君也认为扁鹊是可造之才,有一天,就和扁鹊说要把自己秘藏的医方留给扁鹊,还从怀中拿出一种药给他,并说:"用草木上的露水送服这种药,三十天后你就能知晓许多事情。"接着拿出全部秘方都给了扁鹊。忽然间人就不见了,大概他不是凡人吧。扁鹊按照他说的服药三十天,就能看见墙另一边的人。因此诊视别人的疾病时,"洞见症结",能看五脏内所有的病症,只是表面上看他还是通过切脉而做出诊断。很难得,

《史记》中记载了如此富有神话色彩的扁鹊故事。

后来,扁鹊有时在齐国行医,有时在赵国行医。在赵国时,他医治好赵简子五日不醒之症,赵简子将蓬鹊山田四万亩赐予他,使他得到了食邑之地。因蓬鹊山扁鹊洞府上面,有翩翩欲飞的天然石鹊和静观天下的石人形象,赵人认为这位秦姓的神医就像吉祥的喜鹊一般,所以尊称他为"扁鹊"。看来,扁鹊也只是他的"网名"之一啊。

我们梳理了"征"与"症"的读音和释义,还是希望大家远离各种病症和症结,健健康康,快快乐乐。

裨

——这个"皮匠"不简单

今天我们来看这个容易读错的词——裨（bì）益。

首先看这个裨（bì）字，《说文解字》有注："接益也。从衣卑声。府移切。"这个字是衣字旁，本义为接续，补缀（zhuì）衣物的意思，引申为补益，补助，可见这个字自始至终和"益"分不开。

"大有裨益"这个成语可以说是"裨益"被贴上的最常见标签。《北齐史》在对北魏到北齐时期大臣唐邕（yōng）的记述中首次提出了这个词。唐邕这个人虽然不是在历史上如雷贯耳的存在，但当时也可谓站在金字塔顶端的人。作为"天才少年"，他业务熟练，手段精干，博闻强识（zhì），过目不忘。检阅部队时他不用花名册就能呼报每个人的名字，绝无差错。

他颇受当朝皇帝文宣帝喜爱和器重。

文宣帝被突厥可汗称为"英雄天子",他曾对太后说:"一个唐邕可以相当于一千人。"足见其地位之重。文宣帝也曾直言,愿与唐邕同穿一袍,金汤城池不可与他相提并论,而他提出来的国家财政取舍之道被认为是对当朝"大有裨益"的一剂良方。大有裨益一词最早出现在《北齐书·唐邕传》中,广为流传。

"大有裨益"中,裨与益不可分割。《出师表》的经典永流传更是增加了"裨益"一词的热度:"必能裨补缺漏,有所广益。"意思是:"一定能够弥补缺点和疏漏之处,得到更多的好处。"

"裨"字的读音"bì"已经深深植入大家的词库中,而这个字的另一个读音"pí"则可谓深藏不露。当读作"pí"的时候,它可以做姓氏使用。周朝有个占星大师裨社在当时玩转天象,并预知周朝兴替。

"三个臭皮匠顶个诸葛亮"这个说法想必大家都不陌生,其实,这句话中的"皮匠"最初写作"裨将"。"裨"读作"pí"时,意思是副的,也指古代祭祀时穿的次等礼服。而作为这个用法的时候,裨将就是副将。能顶诸葛亮的,不是三个皮匠,而是三个副将。

说到这里,就不得不提一下与它惺惺相惜的另一个字:稗(bài)。"稗"的本义是一种幼苗像稻子的杂草,也被用来喻作小的、琐碎的,因此"稗官"就指小官,专给帝王述说街谈巷议、风俗故事。在古代,有一种与官修正史并存的史书,记些闾巷风俗、奇闻逸事,被称作"稗官野史",后世就称小说为稗官了。

说完了裨将和稗官,不得不说一下"袖"字。它和"裨"只有一点之差,它是什么意思呢?其实,这个字就好像真假美猴王中的那只六耳猕猴一样,是个假猴王,本为讹作,根本没有这个写法。

"礻"(示)与"衤"(衣)两个偏旁看似差之毫厘,含义却谬以千里。"衤"字旁多与衣物有关,比如衬衫、裙、裤、被褥等。而礻(shì)字旁的"示",在甲骨文中像一座祭台,由"礻"字旁组成的字多与祭祀、礼仪相关,比如祈祷、神、社等。

记住这个区别,就不会再把"裨"字写错了。

鸣　谢
（按姓氏拼音音序）

在本书出版之际，感谢所有为《康辉咬文嚼字》节目提供过支持和帮助的朋友们。

特别感谢中央广播电视总台视听新媒体中心各部门同事、中视前卫影视传媒有限公司摄制执行团队、中央广播电视总台技术局新闻制播三部图文制作科viz组及樊晓敏、金朗、李安安、李泽芬、卢玢颖、张芘文等。

好节目，长知识啊！！！ **咬文嚼字 幽默风趣**
跟着康辉老师长知识

看这个视频太治愈了，一本正经地说只有蛋挞(tà)也太可爱了

学到了学到了，这个栏目好棒啊！

引导大众多接触一些被忽略的知识，真的挺好啊

天哪，
读错了N年了

从知识博主一下子变成美食博主了

中国文化
博大精深

更新太少了，
看不满足，
听不过瘾，
学不够用！

酒煮生蚝，碳烤生蚝，康老师的小课堂和美食更配啊

原来是鳗(mán)鱼啊

多看康辉老师的咬文嚼字小课堂，每期都来"涨知识"

内涵丰富
知识量大

始于颜值，陷于才华，忠于人品，
说得太好了！

谢谢康辉老师的科普，
让我在教学上更精确了

好想把康辉咬文嚼字刻成CD，等以后孩子长大一点儿和孩子一起看

康辉咬文嚼字使我对汉字有了更深刻的认识

图书在版编目（CIP）数据

康辉咬文嚼字 / 康辉　严晓冬著；央视频编. ——武汉：长江文艺出版社，2023.1（2023.7重印）
ISBN 978-7-5702-2933-8

I. ①康… II. ①康… ②严… ③央… III. ①汉字-错别字-辨别-通俗读物　IV. ① H124.1-49

中国版本图书馆 CIP 数据核字（2022）第 227732 号

康辉咬文嚼字
KANGHUI YAOWENJIAOZI

康辉　严晓冬 著　央视频 编

选题产品策划生产机构 | 北京长江新世纪文化传媒有限公司
总　策　划 | 金丽红　黎　波
特约策划 | 杨继红
执行策划 | 王　健　闫　敏　傅　琼
项目策划 | 傅　琼　高　跃
策划编辑 | 张　维　　　　技术支持 | 李海东
责任编辑 | 张　维　　装帧设计 | 郭　璐　　媒体运营 | 刘　冲　刘　峥　洪振宇
封面题字 | 林　凡　　内文制作 | 张景莹　　内文插图 | 张从正　乔一桐
法律顾问 | 梁　飞　　版权代理 | 何　红　　责任印制 | 张志杰　王会利
总　发　行 | 北京长江新世纪文化传媒有限公司
电　　　话 | 010-58678881　　　　　　　　　　　　　传　　　真 | 010-58677346
地　　　址 | 北京市朝阳区曙光西里甲6号时间国际大厦A座1905室　邮　编 | 100028
出　　　版 | 长江出版传媒　长江文艺出版社
地　　　址 | 湖北省武汉市雄楚大街268号湖北出版文化城B座9-11楼　邮　编 | 430070
印　　　刷 | 天津盛辉印刷有限公司
开　　　本 | 880毫米×1230毫米　1/32　　　　　印　　　张 | 9
版　　　次 | 2023年1月第1版　　　　　　　　　　印　　　次 | 2023年7月第6次印刷
字　　　数 | 163千字　　　　　　　　　　　　　　图　　　数 | 148幅
定　　　价 | 58.00元

盗版必究（举报电话：010-58678881）
（图书如出现印装质量问题，请与选题产品策划生产机构联系调换）